her closet

CHECK&STRIPE

JN224625

SHUFU TO SEIKATSU SHA

あのひとの装い

クロゼットを開けて、
今日の予定を思い浮かべながら選ぶ一着。
ていねいに縫った洋服に袖を通すと、
やさしい肌触りに包まれます。

ギンガムチェックのワンピースに
リバティプリントのブラウス……。
このごろ、手づくりの服がふえてきた私のクロゼット。
そんな中から今日は
海辺の街に似合う服を選びました。

そういえば、あの人のクロゼットには
どんな服が並んでいるんだろう?

ギャラリーのオーナー、
菓子研究家、布作家、
ブランディングディレクターなど、
いつも何かに夢中になっている人たち——
そんな彼女たちに、これからクロゼットに加えたい
お洋服について伺いました。
そして、素材や色などのご希望を聞きながら、
それぞれのライフスタイルに合った服を作りました。

もし、この本でお気に入りを見つけたら、
まずは好きな布で1枚、作ってみてください。
みなさまのクロゼットにも、手づくりのお洋服が
少しずつふえていきますように。
そんなことを心から願っています。

J-1 p.22
ノーカラージャケット

J-2 p.20
ノーカラージャケット

K p.37
コーデュロイジャケット

L p.36
コーデュロイパンツ

M p.19
マリンパンツ

N-1 p.38
ジャンパースカート

N-2 p.40
ジャンパースカート

O-1 p.42
アトリエコート

O-2 p.44
アトリエコート

A

ROUND
COLLAR
BLOUSE
丸衿ブラウス
Hiromi Osawa

小ぶりの丸衿にふっくらした袖、ヨーク切り替えに比翼ボタンと、
ディテールにこだわりを詰め込みました。少し透け感のあるドッ
ト柄の布で、乙女心をくすぐる一着に。　HOW TO MAKE p.50

BACK-OPENING DRESS

後ろあきワンピース

Ricca Fukuda

ドイツのヴィンテージのナース服をヒントにデザイン。胸元のタックやダブルボタンのベルトなどにもこだわりました。パンツと合わせてカジュアルに着こなして。　　　HOW TO MAKE p.67

B-1

GATHERED
BLOUSE
ギャザーブラウス
Kaori Hikita

胸元にたっぷり寄せたギャザーと、スタンドカラーが上品な印象のブラウス。身頃と袖が一体になったデザインだから、ゆったり着られるのもうれしいところです。　HOW TO MAKE p.54

B-2

GATHERED
BLOUSE
ギャザーブラウス

Kaori Hikita

12ページのブラウスをグレイッシュピンクのコットンローンで作りました。程よく落ち感のある軽やかな素材を選べば、品のあるやさしいシルエットに仕上がります。　HOW TO MAKE p.54

E

BALLON
SLEEVE
DRESS

バルーン袖ワンピース
Hiromi Osawa

少しふくらんだボックス形のシルエットと、ボリュームのある袖が魅力のワンピース。首まわりが程よく詰まったラウンドネックは、カジュアルにもフォーマルにも。　HOW TO MAKE p.64

C

V-NECK BLOUSE

Vネックブラウス

Kaori Hikita

首まわりを美しく見せてくれるVネックのブラウスをマリンカラーで仕立てました。衿ぐりや袖口、裾にあしらったパイピングが、さりげないアクセントに。　　HOW TO MAKE p.57

M
MARINE PANTS
マリンパンツ
Nao Kawamura

ワイドなシルエットのマリンパンツは、体の線を拾わず、すっきり見えるのがポイント。風合いのあるチノクロスで作れば、大人のカジュアルスタイルにぴったりです。　HOW TO MAKE p.88

J-2

COLLARLESS JACKET

ノーカラージャケット

Kaori Hikita

カーディガンのように気軽に羽織れて、着こなしのポイントにもなるジャケット。品のよいツイード生地なら、オン・オフどちらでも活躍しそう。　HOW TO MAKE p.80

J-1

COLLARLESS
JACKET

ノーカラージャケット

Kaori Hikita

20ページのジャケットの生地違い。洗いざらしのコットンで
作れば、軽やかな印象に。袖口と首まわりから裾にかけては、
共布でパイピングしています。　　　　HOW TO MAKE p.80

D

BOWTIE
BLOUSE

ボウタイブラウス

Izumi Hada

マニッシュに着こなしたいボウタイブラウス。タイは、蝶結びに
してもボリュームが出ないよう、ストンと落ちるシルク素材に。
細幅にして、甘さをぐっと抑えました。 HOW TO MAKE p.60

アンティークスタイルのシャツワンピースは、ヨーロッパの古着をイメージしてデザイン。カジュアルな印象のギンガムチェックなら、ジーンズとの相性も抜群です。　HOW TO MAKE p.70

F-1

LONG
SHIRT
ロングシャツ
Mai Tanaka

26ページのロングシャツの生地違い。花柄のリバティプリントなら、
シックでやさしい雰囲気に仕上がります。日常のさまざまなシーン
に合わせて、生地選びを楽しんで。　　　　HOW TO MAKE p.70

H

FRILL
DRESS

フリルワンピース

Ricca Fukuda

60年代の英国ファッションを彷彿とさせる、ラップドレス風のワンピースをリバティプリントで仕立てました。胸元と袖口にフリルをあしらって、ほんのり甘い雰囲気に。　HOW TO MAKE p.76

G-1

RAGLAN
SLEEVE
DRESS

ラグラン袖ワンピース

Kiyo Matsumoto

ふんわりしたシルエットが愛らしいワンピース。上からすっぽり
かぶれるよう、衿ぐりはゆったりと。白いレース地で仕立てれば、
リラックスムードも満点です。　HOW TO MAKE p.74

G-2

RAGLAN SLEEVE DRESS

ラグラン袖ワンピース

Kiyo Matsumoto

32ページのワンピースをリバティプリントで。軽やかで肌触りも抜
群だから、袖を通すのが楽しみに。シックで大人っぽい色柄を選べ
ば、お出かけ着としても重宝しそう。　　HOW TO MAKE p.74

L

CORDUROY PANTS

コーデュロイパンツ
Harumi Fukuda

L　太畝のコーデュロイがやさしい印象。前パンツの切り替え部分につけたポケットと、裾の切り替えが程よいアクセントに。37ページのジャケットとセットアップにしても。　HOW TO MAKE p.86

K　立ち上がった衿とループボタンがポイント。太畝のコーデュロイでこっくりとした雰囲気に仕立てました。キルティング地など、エアリーな素材で作るのもおすすめです。　HOW TO MAKE p.83

K
CORDUROY
JACKET
コーデュロイジャケット
Harumi Fukuda

洗いざらしのコットンの風合いが心地いいジャンパースカートは、ふだん着としても大活躍間違いなし。スカートをタック仕立てにして、ボリュームを抑えました。 HOW TO MAKE p.90

JUMPER
SKIRT

ジャンパースカート
CHECK&STRIPE

38ページのジャンパースカートを細畝のフレンチコーデュロイ
で仕立てました。生地選びやインナーとの組み合わせ次第で、一
年じゅう楽しめるデザインです。　　　HOW TO MAKE p.90

作業着のようにラフに着こなしたい、イングリッシュストライプのアトリエコート。上からさっと羽織れるよう、ボタンはつけずにシンプルに仕上げました。　HOW TO MAKE p.94

O-1

ATELIER COAT
アトリエコート
Michiyo Sunaga

O-2

ATELIER COAT

アトリエコート

Michiyo Sunaga

張りのある高密度のリネンで作れば、42ページとは違った表情が楽しめます。肩まわりにゆとりのあるドロップショルダーの袖は、ロールアップするとこなれた印象に。　HOW TO MAKE p.94

さまざまな分野で活躍する9名に、これからクロゼットに加えたいお洋服について伺い、形にしたのがこの本。デザインに込めた思いや完成までのエピソード、シルエットやディテールへのこだわり、ふだんの洋服選びから着こなしのヒントまで、装いへの想いをお一人おひとりに語っていただきました。

INTERVIEW

大澤弘美さん

Hiromi Osawa

「LULU」デザイナー。乙女心をくすぐるものづくりにファンが多い。著書に『シンプル、こだわり、LULUの日常着』(文化出版局)がある。

A　丸衿ブラウス p.8
E　バルーン袖ワンピース p.16

乙女心をくすぐるディテールをスパイスに

　古着が好きで、手づくりの服とミックスしてコーディネートしたり、プラスする小物やアクセサリーで気分を変えたりして楽しんでいます。

　丸衿の半袖ブラウスは、ヴィンテージショップで買ったフランスの子供服にヒントを得てデザイン。小さめの丸衿とヨーク切り替え、少しふくらんだ袖がポイントです。着ればきっと、少女の頃の気持ちになったり、学生気分になれたりしそう。夏になったらお気に入りのパンツやスカートを合わせて、サンダルをはきたいです。

　バルーン袖ワンピースは、シンプルだけど、お出かけ着やフォーマルとして着られるものが欲しくて提案。袖のあしらいやネックライン、丈感、シルエットなど、ディテールにもこだわりました。張りのある生地で作って、フォーマルなシーンで着たいと思います。パールのネックレスを合わせるのも良さそうですね。

河村奈穂さん

Nao Kawamura

静岡市の雑貨店「sahanji+」店主。選りすぐりの小物、器、洋服、道具などが気持ちのいい空間に並ぶ。現在は企画展期間のみの営業。

M　マリンパンツ p.19

パンツスタイルのキモは丈感とシルエット

　年齢を重ねるにつれ、体型の変化に応じて今の自分に合うシルエットを吟味したり、見極めたりといったアップデートが必要だと感じています。人からどう見られるかよりも、どんなシルエットで、どんな素材のものを身につけていると心地いいかということが大切です。

　今回のマリンパンツは腰まわりがすっきりして見えるデザインなので、張りのある素材で作るのがおすすめ。一見、ごく普通のワイドパンツに見えますが、腰まわりやパンツ幅など、数cm、数mm単位でこだわりました。色はマリンカラーを意識した、白、生成り、ネイビーが似合いそう。秋冬には太畝コーデュロイもいいですね。

　体の線を拾わず動きやすいので、日常着として愛用して欲しい一着。私は身長が低めなので、短めのトップスやコンパクトなトップスと合わせて、全体のバランスが良く見えるようにコーディネートしたいです。

須長みちよさん

Michiyo Sunaga

スウェーデンでテキスタイルデザインを学んだ経験を生かし、夫とともに長野県・軽井沢でライフスタイルショップ「lagom」と「NATUR terrace」を営む。

O アトリエコート p.42, 44

一日じゅう羽織りたい、お守りのようなコート

　最初にイメージしたのは、映画「TOVE」でトーベ・ヤンソンがまとっていたアトリエコート。コンプレックスに向き合いながらも常に「らしさ」を見失うことなく、少女のような純粋さに少しの皮肉とユーモアを混ぜ合わせ、しなやかに、勇敢に自身の人生を選択し、歩んで行ったトーベにとって、アトリエコートは真摯に生きる象徴的存在。共感と憧れをもってテーマに選びました。

　着る人がそれぞれのサイズに合わせて着丈や袖丈を調整しても、バランスが崩れにくいデザインに。下にタートルネックや衿つきシャツ、ワンピースなどを着ても様になるよう、前身頃の生地面積を敢えて少なくし、後ろ身頃には立体感が出るようタックを入れました。色や柄を羽織る気持ちで、ぜひ明るく軽快な生地を選んでみてください。映画の中のトーベのように、私も生活着や仕事着として、さまざまなシーンで羽織りたいと思います。

田中麻衣さん

Mai Tanaka

長野県・軽井沢でアンティークショップ「GARAGE Brocante/Antiques」を営む。外国の古いものに加え、エプロンや子供服などの布製品も販売。

F ロングシャツ p.26, 28

シーンに合わせて色柄を選びたい

　メンズのヴィンテージロングシャツが好きで、春・秋用のナイトウェアとして愛用しています。衿の小ささや袖の感じ、裾の形やスリット、長さ、生地の薄さ、色・柄などすべてがお気に入りで、ボロボロになってもリペアしながら大切に着ています。そこで、今回も迷わずヴィンテージスタイルのロングシャツをリクエスト。生地は、もともと持っていたものと同じ、ギンガムチェックと花柄をチョイスしました。

　でき上がったロングシャツは、そのままお出かけできるようにアレンジされていますが、私はパジャマが大好きなので、やっぱりパジャマとして着たいです。日常着として楽しむなら、暮らしのシーンに合わせて色柄を選んでも。たとえば庭仕事のときに着るなら花柄。丈をもう少し短くして、同柄のパンツとセットアップに。麦わら帽子や長靴と合わせるのも素敵かもしれません。

葉田いづみさん

Izumi Hada

グラフィックデザイナー。CHECK&STRIPEの『私の好きな服』をはじめ、書籍など多くの装丁を手がける。甘すぎず清潔感のあるデザインに定評あり。

D ボウタイブラウス p.24

甘さを抑えてマニッシュに着こなしたい

　ボウタイブラウスって、どちらかといえばフェミニンなイメージでした。でも、ずっと注目しているセンスのいい女性がマニッシュに着こなしているのを見て、惹かれるように。以来、似たようなものが欲しくて何年も探していたのですが、好みのものに出会えずにいました。

　そこで提案させていただいたのが、大人の女性に似合うボウタイブラウスです。いちばんこだわったのはボウタイ部分で、ボリュームが出ないようにストンと落ちるしなやかな生地を選び、細めに仕上げてもらいました。ボウタイを黒にするというのは最初からイメージにあったので、身頃とのコントラストがきつくならないよう、シックな配色にしました。

　友人とのランチや仕事の打ち合わせなどに、カジュアルなデニムパンツを合わせて（でも、足元はエレガントなパンプスがいいですね！）、出かけたいと思います。

引田かおりさん

Kaori Hikita

東京・吉祥寺で「ギャラリーフェブ」とパン屋「ダンディゾン」を営む。『日々更新。』（ポプラ社）など、著書多数。

B ギャザーブラウス p.12, 14
C Vネックブラウス p.18
J ノーカラージャケット p.20, 22

着心地のよさと着まわしのきくデザインが決め手

　服選びで私が大切にしているのは素材。肌に触れて気持ちがいいものをいつも身につけていたいと思います。サイズは少しゆとりのあるものを。どこかに明るい色を取り入れるのもマストです。そして、甘すぎない大人の"カワイイ"は必須！　エレガントさも備えたギャザーブラウスは、ギャラリーでの展覧会の初日に、センタープレスのパンツと合わせて着たいと思います。

　Vネックブラウスは、コントラストが際立つパイピングの良さを再確認させてくれる一着。厳しい夏の暑さもさわやかに乗り切れそうなデザインです。バルコニーのプール開きのときに、短パンを合わせるのもいいですね。

　外出時にサッと羽織れる、ジャケット未満、カーディガン以上の気軽なジャケットがあったらいいなと思って考えたのが、ノーカラージャケット。下ろしたての白いTシャツに合わせれば、ランチ会にもぴったりです。

福田春美さん

Harumi Fukuda

ブランディングディレクター。ライフ
スタイルストア、ホテル、プロダクト、
企業などのブランディングを手がける。
著書は『ずぼらとこまめ』（小社刊）。

K　コーデュロイジャケット p.37
L　コーデュロイパンツ p.36

大切にしているのは、素材とシルエットのバランス

　洋服を選ぶ際は、たとえトレンドや体をやわらかく包むようなデザインだったとしても、どこかにスタイルがよりよく見えるラインがちゃんとあるデザインを常に探しています。天然素材で肌心地がいいことも必須です。

　お話をいただいて最初に提案させていただいたのは、雲のようなキルティング素材の羽織ものや、少し大人なモダンを意識した天然素材のシャツとパンツのセットアップでしたが、それをCHECK&STRIPEさんならではの解釈でデザインに落とし込んでいただき、今回のジャケットとパンツが完成しました。太畝のコーデュロイで仕立てたところも新鮮ですよね。

　もしキルティング地でジャケットを作るなら、クルーネックに変更して、衿まわりのボリュームを抑えて。パンツも、使う生地のボリューム感によっては、前ポケットがないほうがすっきりした印象に仕上がると思います。

福田里香さん

Ricca Fukuda

菓子研究家。福岡生まれ。書籍や雑誌、
onlineへのレシピ提供、菓子メーカー
のレシピ開発など食まわりのモノ・コ
トのディレクションを手がける。

H　フリルワンピース p.30
I　後ろあきワンピース p.10

ミシンワークの美しさを随所にちりばめて

　イギリスのジョージ王朝の時代のドレスに着想を得たラップワンピースが60年代に流行し、〝ジョージィドレス〟として定着しました。このフリルのついたワンピースが大好きなので、ご紹介できてうれしいです。今回はリバティプリントの中から、フリルが映える色彩の花柄を選びました。

　後ろあきワンピースは、愛用しているドイツの古着から着想を得て、さらに理想的に改訂してもらいました。ヴィンテージの服は、ハッとさせられる工夫が随所にあるのが魅力ですが、このワンピースも、ポケットやベルトなど、ディテールにこだわりました。スカートとパンツ、どちらにもぴったりはまるのでおすすめです。

　CHECK&STRIPEさんのご尽力で、どちらのワンピースも日本人の体型にしっくりくるシルエットに仕上がりました。ふだん着として自由に着こなしてください。

松本妃代さん

Kiyo Matsumoto

俳優・画家。映画やドラマで活動する
いっぽう、画家として毎年個展を開催。
昨年、2冊目となる絵本『月とはな』を
出版し、絵本作家としても活動中。

G　ラグラン袖ワンピース p.32, 34

ふんわりシルエットでリラックスムードも満点

　幼い頃からネグリジェはとても身近な存在でした。頭からすっぽりかぶれて、寝るときにも窮屈さを感じないことや、ヨーロッパの絵本で見た天使のようなシルエットも好きな理由のひとつ。だから、今回も迷わずネグリジェを提案させていただきました。

　でき上がったものを着てみたら、着心地の良さ、衿元にたっぷり寄せたギャザー、ふんわりした袖の形など、どれも想像通りの仕上がりで、とても気に入りました。休日もルームウェアとして、一日じゅうこれを着て過ごしてしまいそう。上からカーディガンを羽織れば、そのまま犬と一緒に散歩に出かけられます。

　シックな色の生地で作れば、まったく違った印象の軽やかなワンピースになり、春から夏まで長く活躍してくれそう。春はピクニック、夏は海へ。軽いので、旅行にも気軽に持って行けそう——と想像がふくらみます。

チェック＆ストライプ

CHECK&STRIPE

N　ジャンパースカート p.38, 40

ふだん着として気軽に楽しめる一着を

　四季を通じて長く着ていただけるものを——という思いから、CHECK&STRIPEからはジャンパースカートを提案させていただきました。春から夏にかけてはTシャツやカットソーを合わせて。秋から冬にかけてはセーターを合わせるのもいいですね。いろいろな布でたくさん作って、楽しく着ていただきたいアイテムです。

　体型を気にせず、リラックスして着ていただけるよう、ウエストの切り替え位置は低めに。スカートはギャザーではなくタック仕立てにすることで、全体のボリュームを抑え、大人の女性に似合うデザインを考えました。ふだん着として、毎日の暮らしに気軽に取り入れていただけたらうれしいです。

　袖や衿などがなく、パーツが少なめなので、比較的簡単に、短時間で完成できるのも魅力。タックの折り目がきちんと出るよう、普通地から中厚地くらいのしっかりめの布を選ぶのもポイントです。工程ごとにしっかりとアイロンをかけながら、ていねいに仕上げてくださいね。

SHOP LIST

ONLINE SHOP　http://checkandstripe.com

CHECK&STRIPEは1999年に始まったONLINE SHOPです。リネンやコットン、リバティプリントなど、肌触りのよい、やさしい色合いの布を国内で独自に製作しています。布のほかに、アップリケやリボン、パターンなども、ONLINEで24時間お買い物をしていただけます。サイトでは、手づくりをされるお客さまに楽しんでいただけるような読み物や、スタッフ・お子さまのコーディネート例などもご紹介しています。

THE HANDWORKS　https://the-handworks.com

THE HANDWORKSでは、お好きな布をお店で選んでいただき、お気に入りのCHECK&STRIPEのデザインで、あなただけのお洋服をお作りします。各ショップで承っております。
※既存のCHECK&STRIPEのパターンや、CHECK&STRIPEの書籍のデザイン・サイズでのお仕立てとなります。

REAL SHOP

神戸店

三宮センター街を少し南に入った場所にある、小さな3階建ての建物。1階のショップでは布以外に、副資材やキットなども豊富にそろえています。2階ではソーイング教室や数数のワークショップを開催。3階はイベントスペースになっています。

〒650-0021
兵庫県神戸市中央区三宮町2-6-14
TEL:078-381-8824　営業時間／10:00 -19:00
無休(年末年始を除く)

自由が丘店

定番の布以外に、海外で見つけたボタンやアップリケなどを豊富にそろえています。駅から徒歩3分という立地のよさで、幼稚園の送迎帰りのママやお仕事帰りの方にもご利用いただいています。お子さまが遊べる小さなコーナーもあり、安心してお買い物していただけます。

〒152-0034　東京都目黒区緑が丘2-24-13-105
TEL:03-6421-3200　営業時間／10:00 -19:00
無休(年末年始を除く)

workroom(自由が丘)

自由が丘店の向かいにある、自然光が入るキッチン付きのスペース。ソーイングレッスンや縫い物のほかに、お料理などさまざまなジャンルのワークショップやイベントを開催しています。じっくり試着していただけるスペースもあり、お仕立ても承っています。

〒152-0035
東京都目黒区自由が丘1-3-11-106
TEL:03-6421-3200(自由が丘店共通)

fabric&things(芦屋)

芦屋川沿いにある絶好のロケーション。布だけでなく雑貨コーナーも充実しています。ワークショップを行っている地下のスペースは設備も整い、ゆったり広々。ソーイングや暮らしにまつわる本をセレクトしたブックコーナーもあります。

〒659-0094
兵庫県芦屋市松ノ内町4-8-102
TEL:0797-21-2323　営業時間／10:00 -19:00
無休(年末年始を除く)

吉祥寺店

雑貨屋さん、パン屋さんなどでにぎわう大正通りにあり、散歩がてら訪れるお客さまも。広く明るい店内には、ソーイングルームもあり、ミシンを4台備え、ソーイングのほか、手づくりにまつわるさまざまなジャンルのワークショップも開催。

〒180-0004
東京都武蔵野市吉祥寺本町2-31-1
TEL:0422-23-5161　営業時間／10:00 -19:00
無休(年末年始を除く)

little shop(鎌倉)

鶴岡八幡宮から由比ガ浜に抜ける若宮大路沿いにあります。小さな店ですが、反物の什器が2段になっていて、たくさんの種類のリネンやリバティプリントを用意しています。鎌倉のゆったりした時間が流れる店内で、じっくり布を選んでいただけます。

〒248-0014　神奈川県鎌倉市由比ガ浜2-16-1
TEL:0467-50-0013　営業時間／10:00 -18:00
無休(年末年始を除く)　※他の店舗と閉店時間が異なりますのでご注意ください

軽井沢NATUR TERRACE店

〒389-0111　長野県北佐久郡軽井沢町
星野ハルニレテラス NATUR TERRACE
TEL:0267-31-0737
営業時間／10:00 -18:00(季節により変動あり)

福岡薬院店

福岡でも魅力的なお店が多い薬院の、古いビルの1階にあります。自然光がたっぷり入る店内は天井も高く、リバティプリントやオリジナルの布がぎっしり並びます。薬院駅からは徒歩3分。入り口の横にあるハーブがたくさん植わった花壇が目印です。

〒810-0022
福岡県福岡市中央区薬院1-4-8-1F
TEL:092-791-4144　営業時間／10:00 -19:00
無休(年末年始を除く)

HOW
TO
MAKE

◉ サイズ表記について

・本書では、S・M・Lの3サイズで紹介しています。下記の基準サイズ表（ヌード寸法）と各作品のでき上がり寸法を参考にして、ご自身に合ったパターンを選んでください。

基準サイズ表（単位：cm）

Size	S	M	L
バスト	79	83	88
ウエスト	59	64	69
ヒップ	86	90	96

・モデルは身長158cmでMサイズを着用しています。

・でき上がり寸法は、着丈は後ろ身頃の衿ぐりの中心から裾まで、股下は後ろパンツの角から裾までを垂直に測ったものです。

・各作品のでき上がり寸法はそれぞれの作り方ページに、左からS／M／Lの順で表記しています。

◉ 作り方ページの表記について

・作り方解説中、特に指定のない数字の単位はcmです。

・付録の実物大型紙には縫い代が含まれていません。ハトロン紙などの透ける紙に線を写し取り、指定の縫い代をつけて実物大型紙を作ります。布目線、合い印、あき止まり、パーツ名なども忘れずに写しておきましょう。

・実物大型紙のないパーツは、裁ち合わせ図に寸法を記載してあります。それを見て型紙を作るか、布に直接線を引いて裁断します。

・裁ち合わせ図はMサイズの場合の配置例です。サイズや布幅、柄合わせの有無によって配置や用尺が変わる場合がありますので、すべてのパーツが入ることを確認してから布を裁断してください。

・材料に表記してあるゴムの寸法は目安です。ご自身に合わせて調整してください。

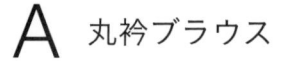

A 丸衿ブラウス

→ p.8

【実物大型紙】 A面

【でき上がり寸法】 ※左からS／M／Lサイズ
バスト…140／144／149cm
着丈…58.2／59.7／61.2cm
袖丈…25／25.5／26cm
肩幅…38／40／42cm

【材料】 ※左からS／M／Lサイズ
表布…C&Sドットミニヨン（きなり）
　　　110cm幅（有効幅105cm）×210／210／210cm
接着芯…50×75cm
ボタン…直径1cm×1個、直径1.15cm×5個

【作り方順序】

1　布ループ（長さ7×1本）を作る…p.55-1参照
2　後ろ身頃にギャザーを寄せ、後ろヨークを縫い合わせる
3　前身頃にギャザーを寄せ、前ヨークを縫い合わせる
4　肩を縫う
5　右比翼布を作る
6　右前身頃に右比翼布をつける
7　左前身頃に左裏前立てをつける
8　衿を作る
9　衿をつけ、衿ぐり、比翼布、裏前立ての裾を始末する
10　比翼布と裏前立ての奥にステッチをかける
11　脇を縫う…p.56-8①②参照
12　袖を作る
13　カフスを作り、つける
14　袖をつける
15　裾を三つ折りにして縫う…でき上がり図参照
16　左前身頃にボタンをつける

〔裁ち合わせ図〕
※縫い代は指定以外1cm
※ :::: は裏に接着芯を貼る
※数字は上からS／M／Lサイズ（指定以外は全サイズ共通）

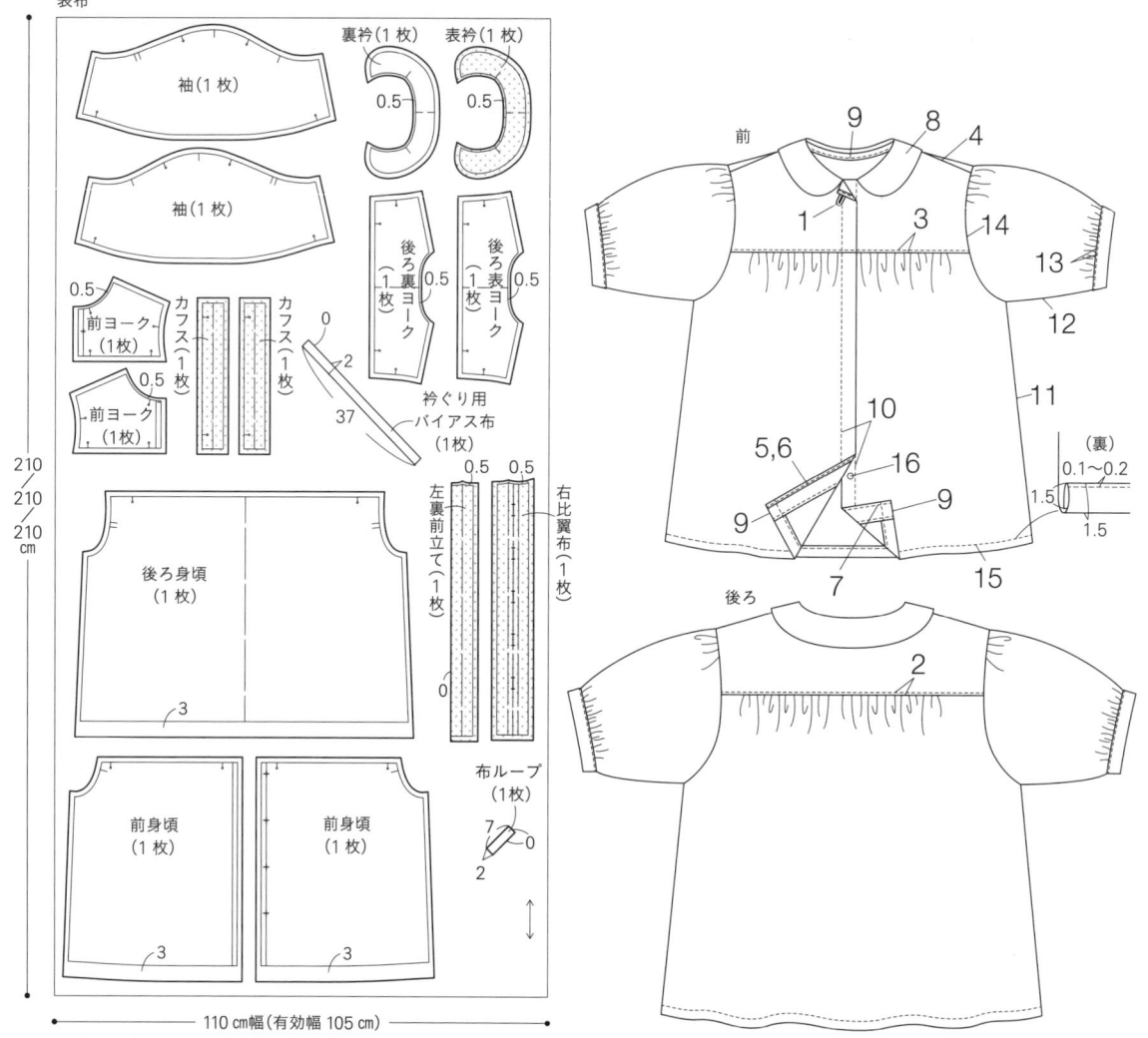

表布

袖（1枚）
袖（1枚）
裏衿（1枚）　0.5
表衿（1枚）　0.5
0.5　前ヨーク（1枚）
0.5　前ヨーク（1枚）
カフス（1枚）
カフス（1枚）
後ろ裏ヨーク（1枚）　0.5
後ろ表ヨーク（1枚）　0.5
0
2
37
衿ぐり用バイアス布（1枚）
後ろ身頃（1枚）　3
前身頃（1枚）　3
前身頃（1枚）　3
0.5　左裏前立て（1枚）　0
0.5　右比翼布（1枚）
布ループ（1枚）　7　0　2
210／210／210cm
110cm幅（有効幅105cm）

前
9　8　4
1
3　14
13
12
11
5,6
10
16
9　9
7
15
（裏）0.1～0.2
1.5
1.5
後ろ
2

2. 後ろ身頃にギャザーを寄せ、後ろヨークを縫い合わせる

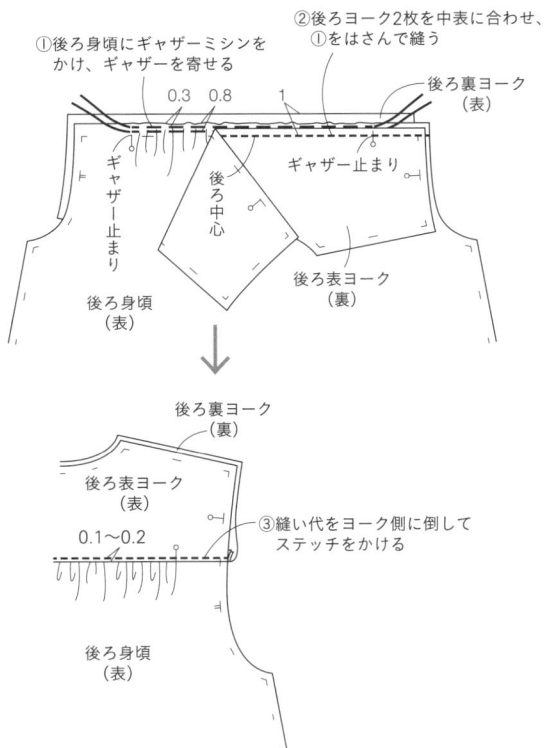

①後ろ身頃にギャザーミシンをかけ、ギャザーを寄せる

②後ろヨーク2枚を中表に合わせ、①をはさんで縫う

後ろ裏ヨーク（表）

0.3　0.8　　1

ギャザー止まり

ギャザー止まり

後ろ中心

後ろ表ヨーク（裏）

後ろ身頃（表）

後ろ裏ヨーク（裏）

後ろ表ヨーク（表）

0.1〜0.2

③縫い代をヨーク側に倒してステッチをかける

後ろ身頃（表）

3. 前身頃にギャザーを寄せ、前ヨークを縫い合わせる

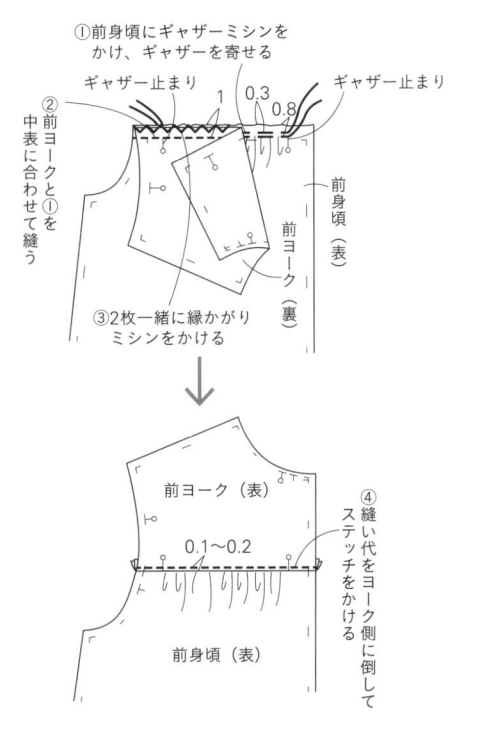

①前身頃にギャザーミシンをかけ、ギャザーを寄せる

ギャザー止まり　　　　　ギャザー止まり

②前ヨークと①を中表に合わせて縫う

1　0.3　0.8

前ヨーク（裏）

前身頃（表）

③2枚一緒に縁かがりミシンをかける

前ヨーク（表）

0.1〜0.2

④縫い代をヨーク側に倒してステッチをかける

前身頃（表）

4. 肩を縫う

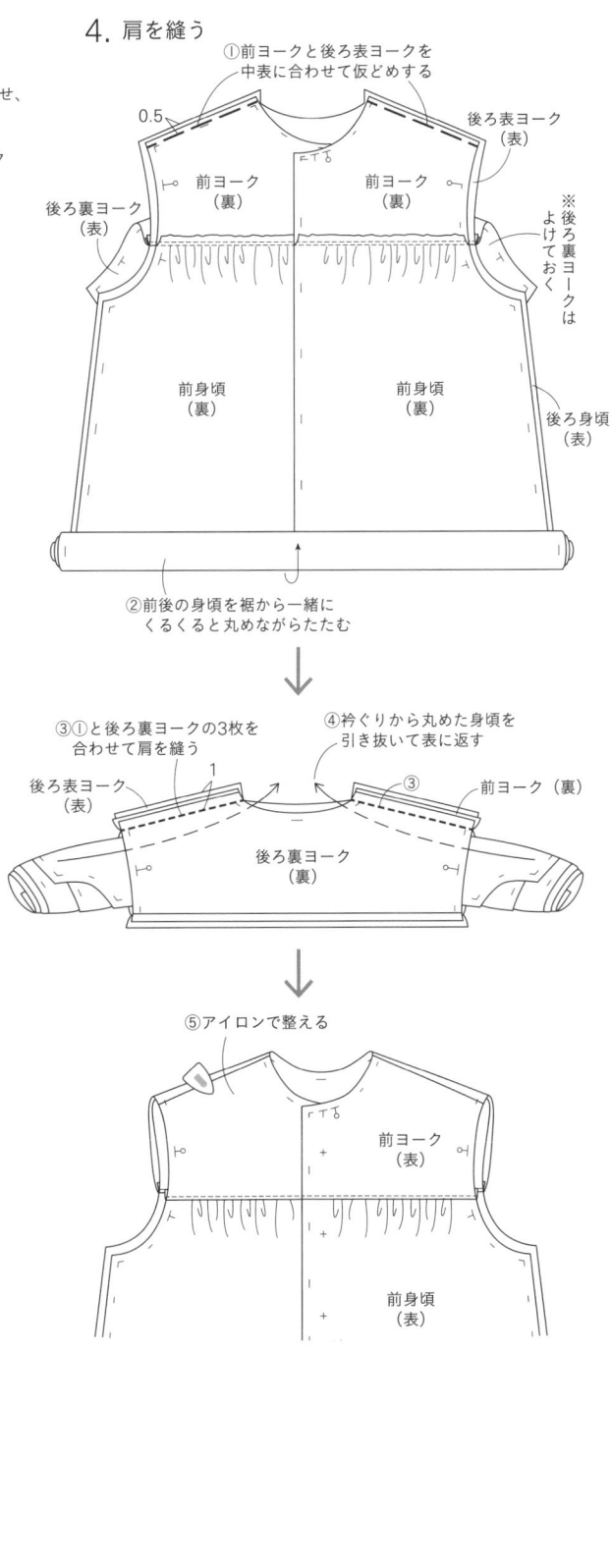

①前ヨークと後ろ表ヨークを中表に合わせて仮どめする

0.5

後ろ表ヨーク（表）

前ヨーク（裏）　　前ヨーク（裏）

後ろ裏ヨーク（表）

※後ろ裏ヨークはよけておく

前身頃（裏）　　前身頃（裏）

後ろ身頃（表）

②前後の身頃を裾から一緒にくるくると丸めながらたたむ

③①と後ろ裏ヨークの3枚を合わせて肩を縫う

④衿ぐりから丸めた身頃を引き抜いて表に返す

後ろ表ヨーク（表）　1

後ろ裏ヨーク（裏）

前ヨーク（裏）　③

⑤アイロンで整える

前ヨーク（表）

前身頃（表）

5. 右比翼布を作る

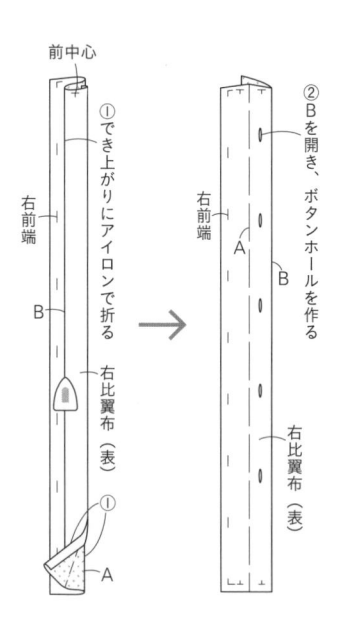

前中心
①でき上がりにアイロンで折る
右前端
右比翼布（表）
B
A
①

右前端
②Bを開き、ボタンホールを作る
右比翼布（表）
A
B

6. 右前身頃に右比翼布をつける

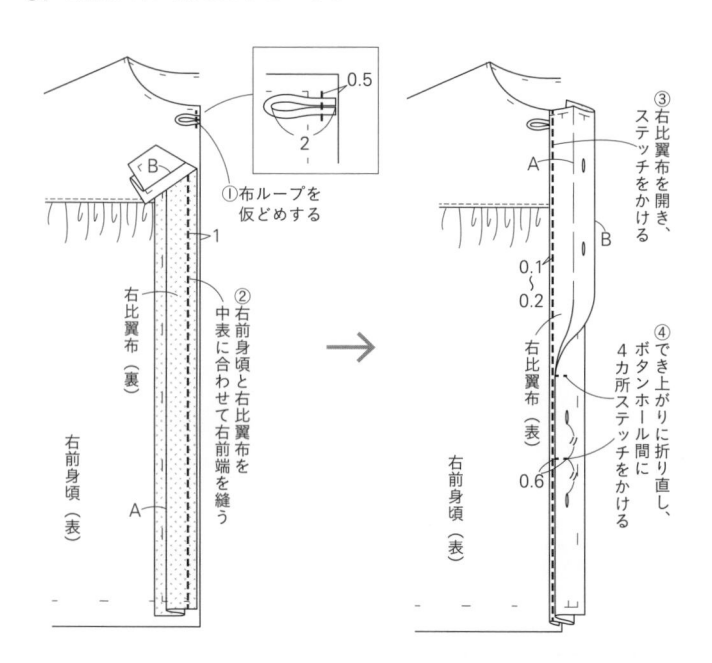

0.5
2
B
①布ループを仮どめする
右比翼布（裏）
1
②右前身頃と右比翼布を中表に合わせて右前端を縫う
右前身頃（表）
A

③右比翼布を開き、ステッチをかける
A
B
0.1〜0.2
④でき上がりに折り直し、ボタンホール間に4カ所ステッチをかける
右比翼布（表）
0.6
右前身頃（表）

7. 左前身頃に左裏前立てをつける

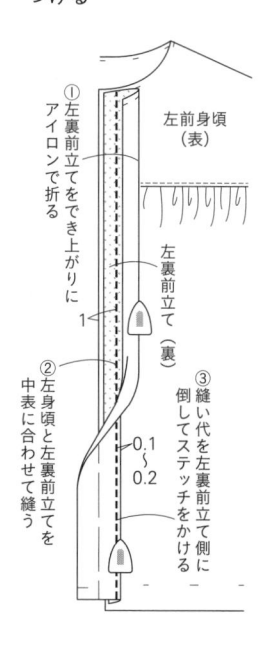

①左裏前立てをでき上がりにアイロンで折る
左前身頃（表）
1
左裏前立て（裏）
②左身頃と左裏前立てを中表に合わせて縫う
③縫い代を左裏前立て側に倒してステッチをかける
0.1〜0.2

8. 衿を作る

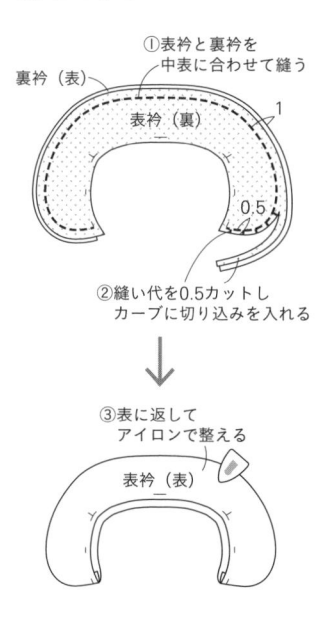

①表衿と裏衿を中表に合わせて縫う
裏衿（表）
表衿（裏）
1
0.5
②縫い代を0.5カットしカーブに切り込みを入れる
③表に返してアイロンで整える
表衿（表）

9. 衿をつけ、衿ぐり、比翼布、裏前立ての裾を始末する

10. 比翼布と裏前立ての奥にステッチをかける

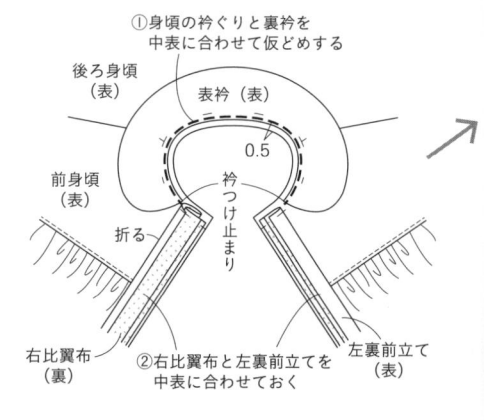

①身頃の衿ぐりと裏衿を中表に合わせて仮どめする
後ろ身頃（表）
表衿（表）
0.5
前身頃（表）
衿つけ止まり
折る
右比翼布（裏）
②右比翼布と左裏前立てを中表に合わせておく
左前立て（表）

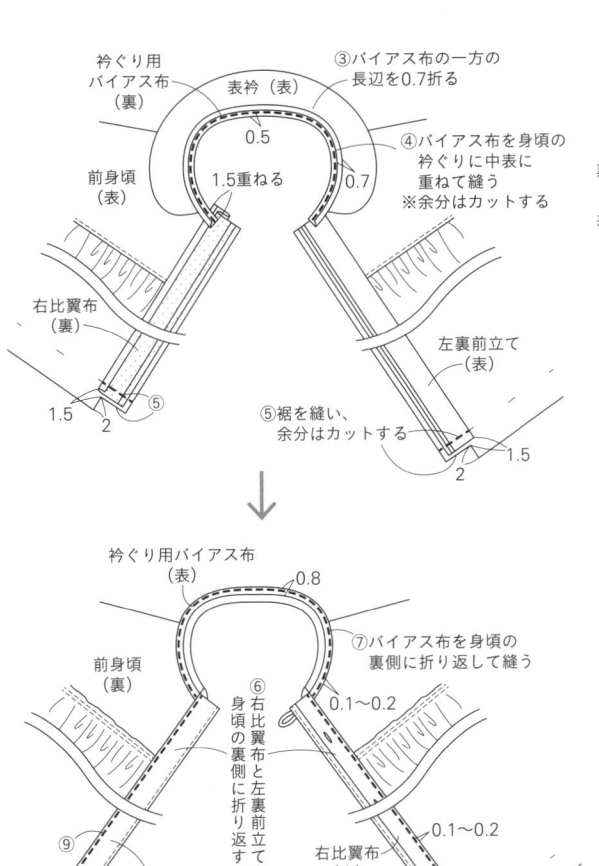

衿ぐり用バイアス布（裏）

表衿（表）

③バイアス布の一方の長辺を0.7折る

0.5

1.5重ねる

0.7

前身頃（表）

④バイアス布を身頃の衿ぐりに中表に重ねて縫う
※余分はカットする

右比翼布（裏）

左裏前立て（表）

1.5　2　⑤

⑤裾を縫い、余分はカットする

2　1.5

衿ぐり用バイアス布（表）

0.8

前身頃（裏）

⑥右比翼布を身頃の裏側に折り返す布を身頃の裏側に折り返す

⑦バイアス布を身頃の裏側に折り返して縫う

0.1～0.2

⑨

左裏前立て（表）

⑧

右比翼布と左裏前立て布を身頃の裏側に折り返す

右比翼布（表）

0.1～0.2

1.5

⑨右比翼布と左裏前立ての奥にステッチをかける

⑧裾を三つ折りにする

13. カフスを作り、つける

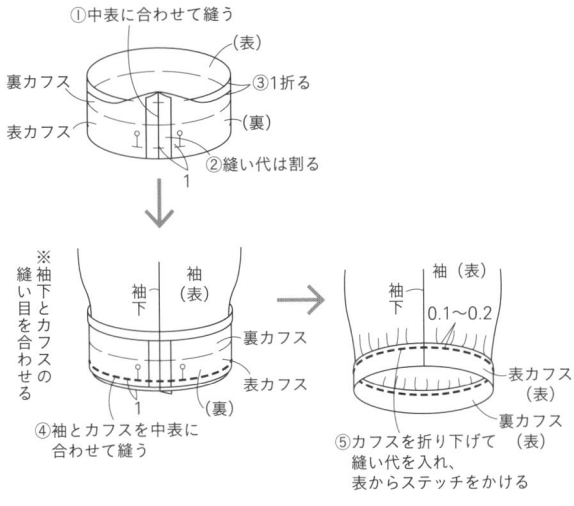

①中表に合わせて縫う

（表）

裏カフス

③1折る

表カフス

（裏）

②縫い代は割る

1

※袖下とカフスの縫い目を合わせる

袖下　袖（表）

裏カフス

表カフス（裏）

1

④袖とカフスを中表に合わせて縫う

袖下　袖（表）

0.1～0.2

表カフス（表）

裏カフス（表）

⑤カフスを折り下げて縫い代を入れ、表からステッチをかける

14. 袖をつける

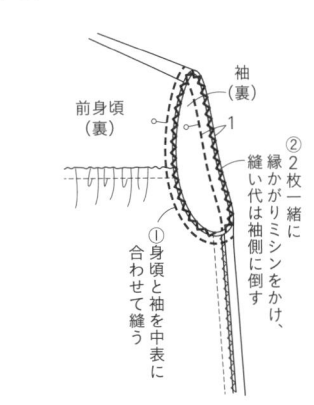

前身頃（裏）

袖（裏）

1

②2枚一緒に縁かがりミシンをかけ、縫い代は袖側に倒す

①身頃と袖を中表に合わせて縫う

12. 袖を作る

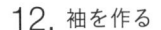

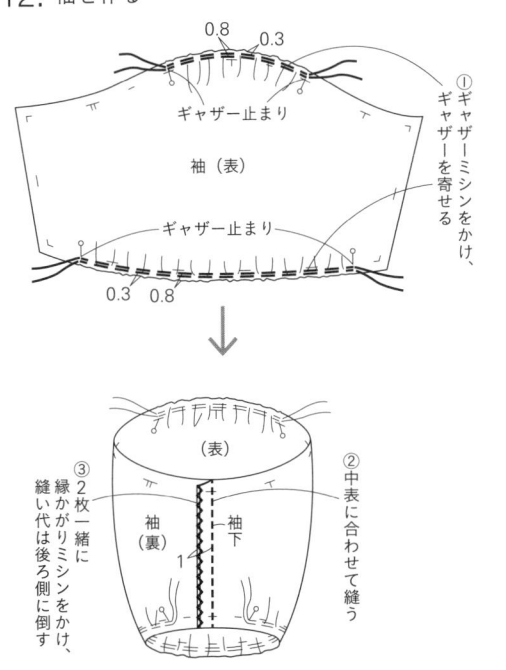

0.8　0.3

ギャザー止まり

袖（表）

①ギャザーミシンをかけ、ギャザーを寄せる

ギャザー止まり

0.3　0.8

（表）

③2枚一緒に縁かがりミシンをかけ、縫い代は後ろ側に倒す

袖（裏）　袖下

1

②中表に合わせて縫う

16. 左前身頃にボタンをつける

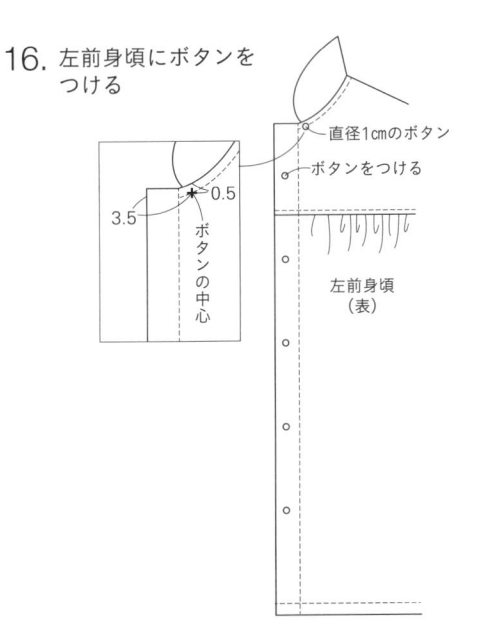

直径1cmのボタン

ボタンをつける

0.5

3.5

ボタンの中心

左前身頃（表）

B ギャザーブラウス

→ p.12, 14

【実物大型紙】 A面

【でき上がり寸法】 ※左からS／M／Lサイズ
バスト…181／185／190cm
着丈…57.5／58.5／60.5cm
肩幅…64／66／68cm

【材料】 ※左からS／M／Lサイズ
表布…B-1 リバティプリント Ros（◎J21A／ラベンダー）
108cm幅×180／180／190cm
B-2 C&Sコットンローン ラミティエ
（グレイッシュピンク）
105cm幅×180／180／190cm
共通
接着芯…10×50cm
ボタン…直径1cm×3個

【作り方順序】

1 布ループ（長さ7×3本）を作る
2 前身頃にギャザーを寄せ、後ろヨークを縫い合わせる
3 右後ろ表ヨークに布ループを仮どめし、後ろヨークの端を始末する
4 衿を作る
5 衿をつける
6 後ろ身頃にギャザーを寄せ、後ろヨークを縫い合わせる
7 袖ぐりを始末する
8 脇を縫う
9 裾を三つ折りにして縫う
10 左後ろヨークと衿ぐりにボタンをつける

〔裁ち合わせ図〕
※縫い代は指定以外1cm
※[   ]は裏に接着芯を貼る
※数字は上からS／M／Lサイズ（指定以外は全サイズ共通）

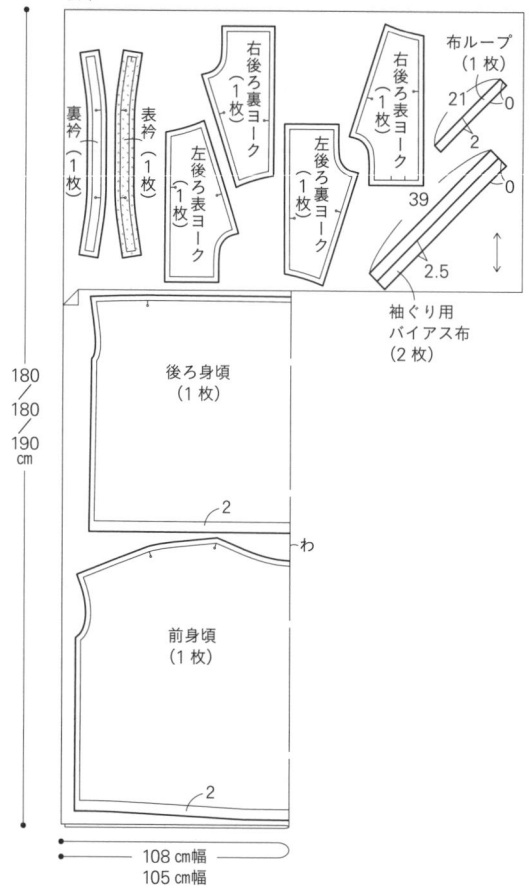

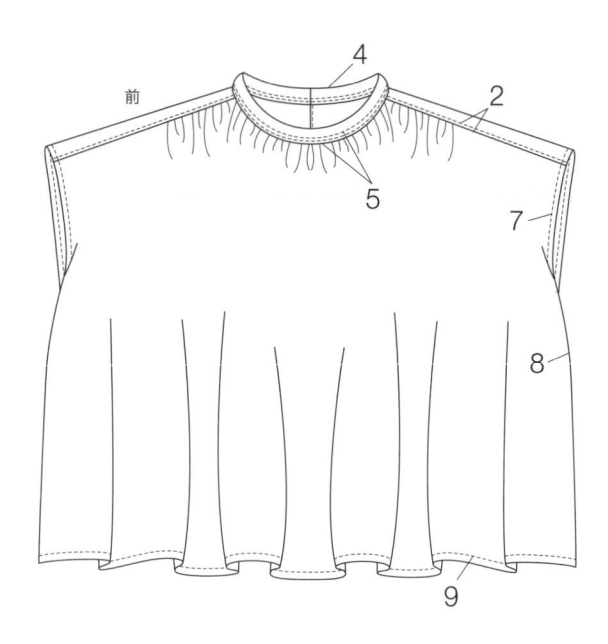

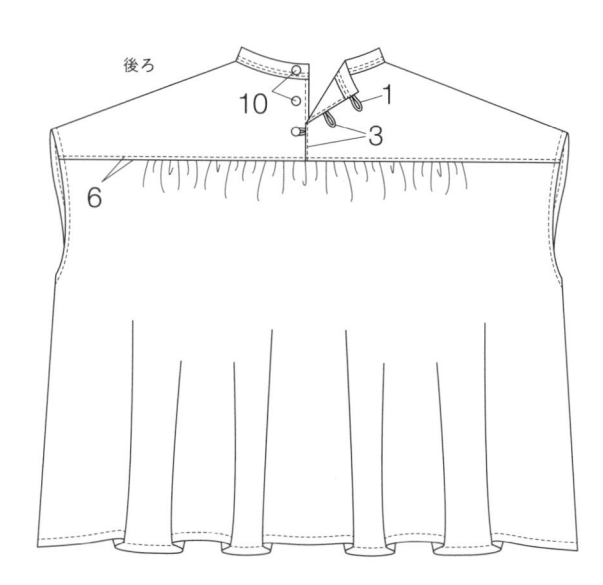

作り方

1. 布ループを作る

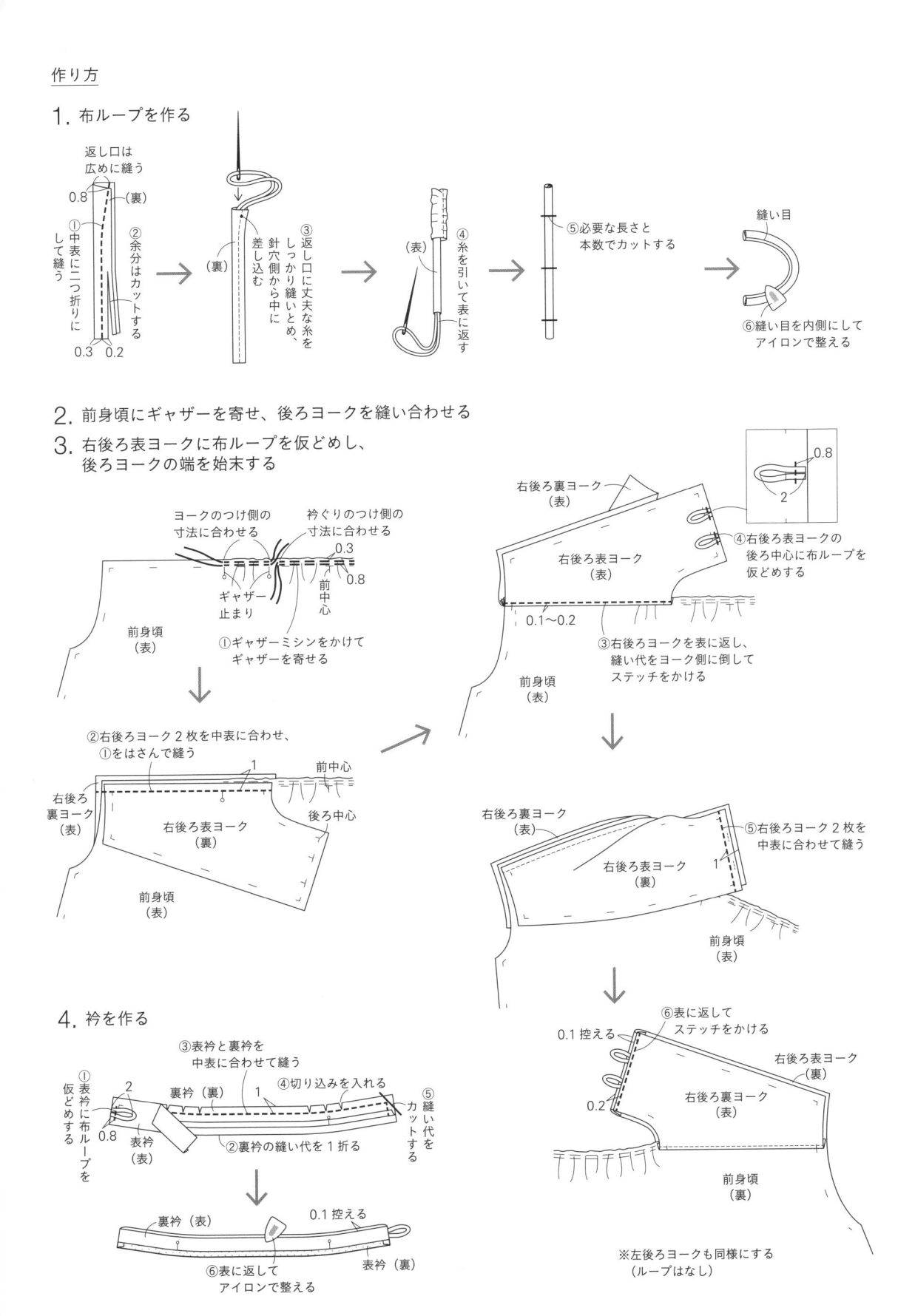

2. 前身頃にギャザーを寄せ、後ろヨークを縫い合わせる

3. 右後ろ表ヨークに布ループを仮どめし、後ろヨークの端を始末する

4. 衿を作る

※左後ろヨークも同様にする（ループはなし）

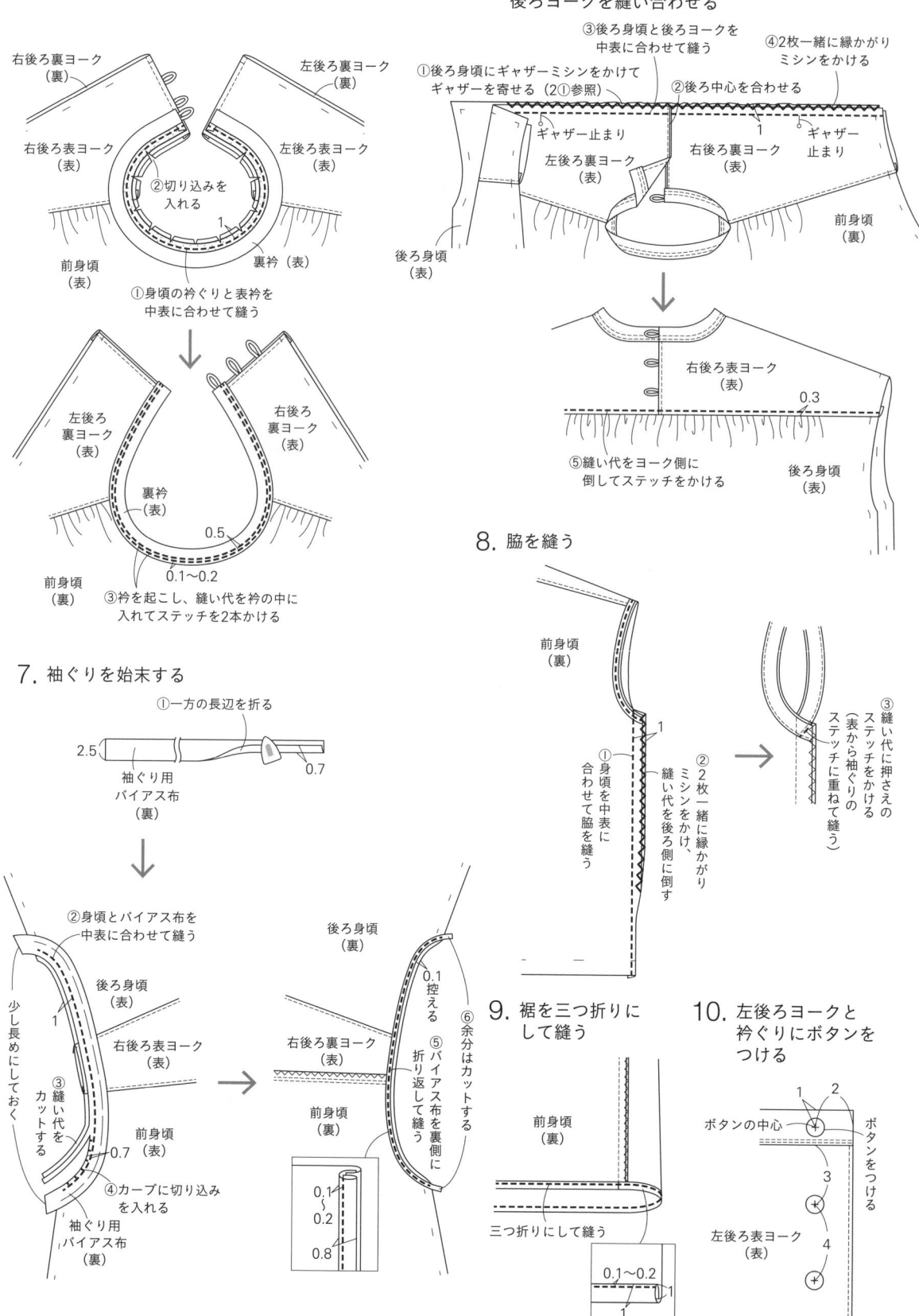

5. 衿をつける

右後ろ裏ヨーク（裏）
左後ろ裏ヨーク（裏）
右後ろ表ヨーク（表）
左後ろ表ヨーク（表）
②切り込みを入れる
裏衿（表）
前身頃（表）
①身頃の衿ぐりと表衿を中表に合わせて縫う

左後ろ裏ヨーク（表）
右後ろ裏ヨーク（表）
裏衿（表）
前身頃（裏）
0.5
0.1～0.2
③衿を起こし、縫い代を衿の中に入れてステッチを2本かける

7. 袖ぐりを始末する

①一方の長辺を折る
2.5
袖ぐり用バイアス布（裏）
0.7

②身頃とバイアス布を中表に合わせて縫う
後ろ身頃（表）
右後ろ表ヨーク（表）
前身頃（表）
少し長めにしておく
③縫い代をカットする
0.7
④カーブに切り込みを入れる
袖ぐり用バイアス布（裏）

後ろ身頃（裏）
右後ろ裏ヨーク（表）
前身頃（裏）
0.1控える
⑤バイアス布を裏側に折り返して縫う
⑥余分はカットする
0.1～0.2
0.8

6. 後ろ身頃にギャザーを寄せ、後ろヨークを縫い合わせる

③後ろ身頃と後ろヨークを中表に合わせて縫う
④2枚一緒に縁かがりミシンをかける
①後ろ身頃にギャザーミシンをかけてギャザーを寄せる（2①参照）
②後ろ中心を合わせる
ギャザー止まり
左後ろ裏ヨーク（表）
右後ろ裏ヨーク（表）
ギャザー止まり
後ろ身頃（表）
前身頃（裏）

右後ろ表ヨーク（表）
0.3
⑤縫い代をヨーク側に倒してステッチをかける
後ろ身頃（表）

8. 脇を縫う

前身頃（裏）
①身頃を中表に合わせて脇を縫う
②2枚一緒に縁かがりミシンをかけ、縫い代を後ろ側に倒す
③縫い代に押さえのステッチをかける（表から袖ぐりのステッチに重ねて縫う）

9. 裾を三つ折りにして縫う

前身頃（裏）
三つ折りにして縫う
0.1～0.2
1

10. 左後ろヨークと衿ぐりにボタンをつける

1　2
ボタンの中心
ボタンをつける
3
左後ろ表ヨーク（表）
4

C Vネックブラウス

→ p.18

【実物大型紙】 A面

【でき上がり寸法】 ※左からS／M／Lサイズ
バスト…103／107／112cm
着丈…57／58.5／60cm
袖丈…12／12.5／13cm
肩幅…55.5／57.5／59.5cm

【材料】 ※左からS／M／Lサイズ
表布…C&Sコットンパピエ(ホワイト)
　　　105cm幅×150／160／160cm
別布…C&Sコットンパピエ(ブラック)
　　　95×95cm
接着芯…10×15cm
ボタン…直径1cm ×1個

【作り方順序】

1　肩を縫う
2　布ループ(長さ7×1本)を作る…p.55-1参照
3　後ろあきを作る
4　衿ぐりを衿ぐり用バイアス布で始末する
5　袖をつける
6　袖下から脇を縫う
7　袖口を袖口用バイアス布で始末する
8　裾を裾用バイアス布で始末する
9　左後ろ衿ぐりにボタンをつける

〔裁ち合わせ図〕
※縫い代は指定以外 1 cm
※▨ は裏に接着芯を貼る
※〰 は縁かがりミシンをかける
※数字は上からS／M／Lサイズ
　(指定以外は全サイズ共通)

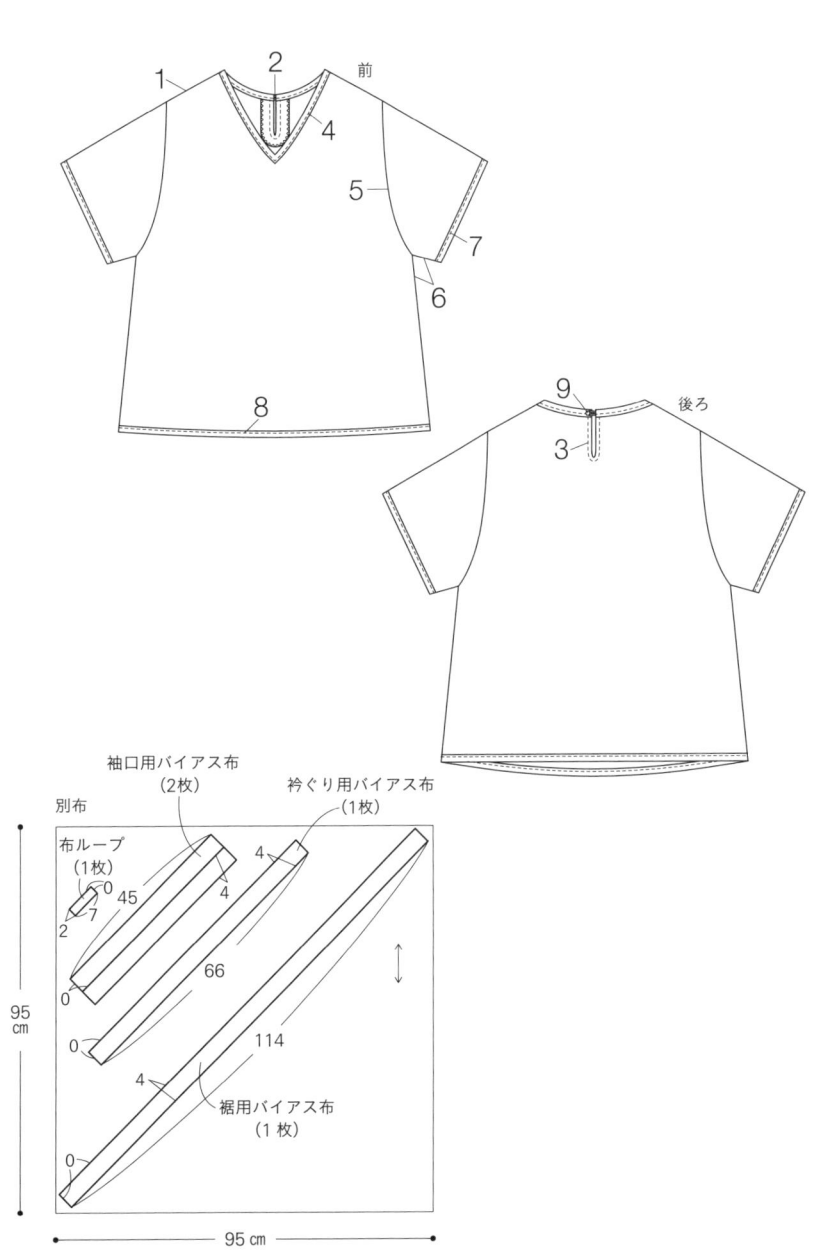

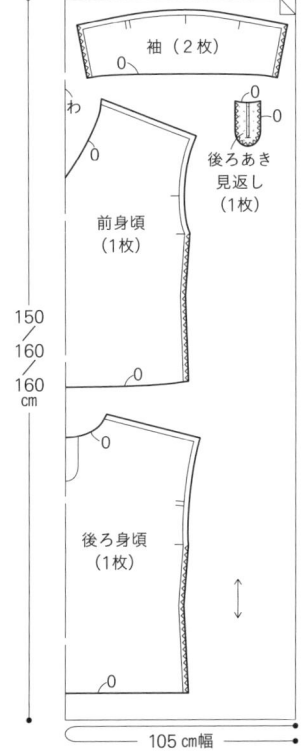

表布

袖（2枚）
0
0
後ろあき
見返し
(1枚)
0
前身頃
(1枚)
0
わ
0
後ろ身頃
(1枚)
0
0
150
160
160
cm
105 cm幅

別布
布ループ
(1枚)
0
7
2
0
袖口用バイアス布
(2枚)
45
4
4
衿ぐり用バイアス布
(1枚)
4
66
114
0
4
裾用バイアス布
(1枚)
0
95
cm
95 cm

作り方

1. 肩を縫う

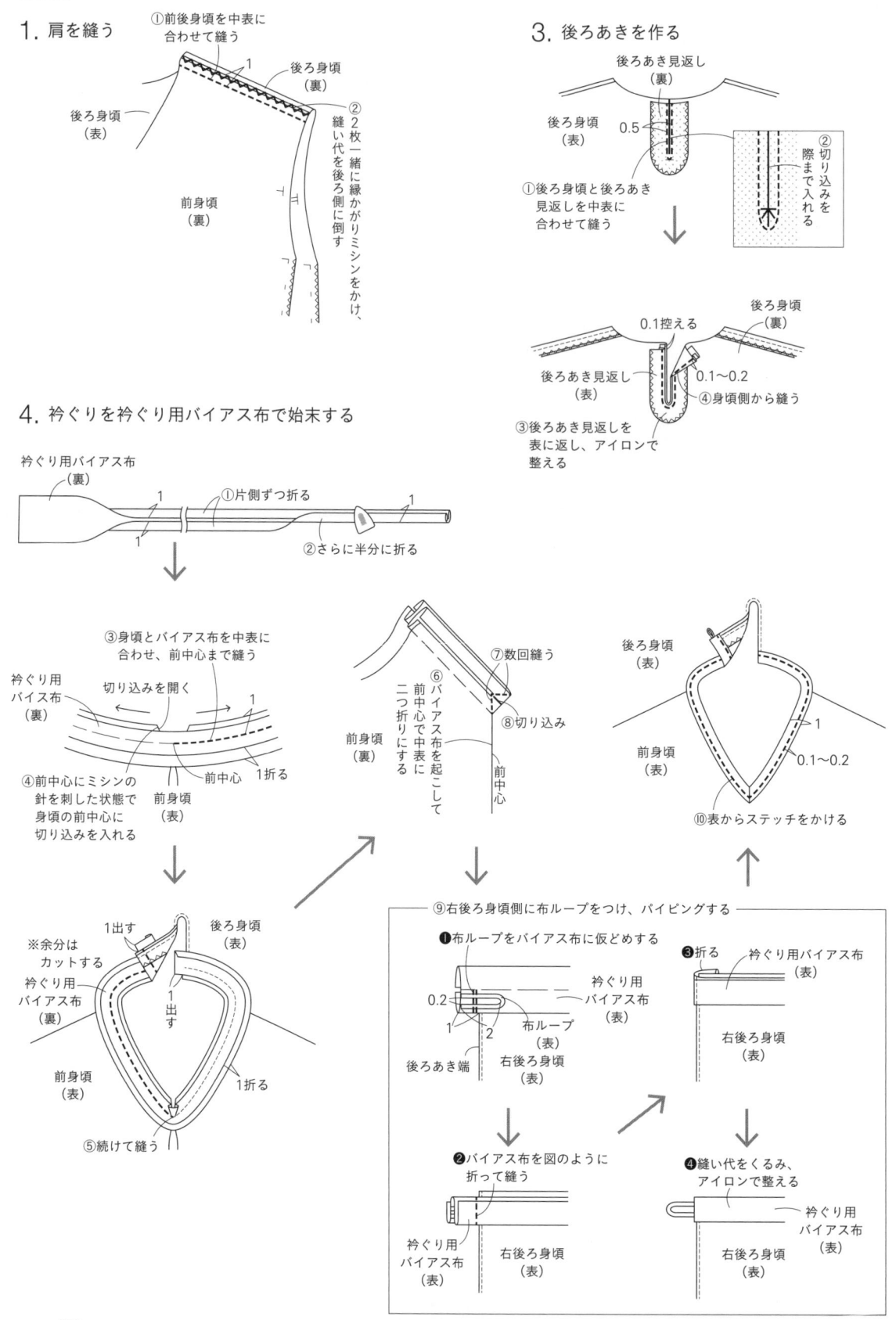

①前後身頃を中表に合わせて縫う

後ろ身頃（裏）

後ろ身頃（表）

②2枚一緒に縁かがりミシンをかけ、縫い代を後ろ側に倒す

前身頃（裏）

3. 後ろあきを作る

後ろあき見返し（裏）

後ろ身頃（表）

0.5

①後ろ身頃と後ろあき見返しを中表に合わせて縫う

②切り込みを際まで入れる

0.1控える

後ろ身頃（裏）

後ろあき見返し（表）

0.1〜0.2

④身頃側から縫う

③後ろあき見返しを表に返し、アイロンで整える

4. 衿ぐりを衿ぐり用バイアス布で始末する

衿ぐり用バイアス布（裏）

①片側ずつ折る

②さらに半分に折る

③身頃とバイアス布を中表に合わせ、前中心まで縫う

衿ぐり用バイス布（裏）

切り込みを開く

前中心

1折る

前身頃（表）

④前中心にミシンの針を刺した状態で身頃の前中心に切り込みを入れる

前身頃（裏）

⑥バイアス布を起こして前中心で中表に二つ折りにする

⑦数回縫う

⑧切り込み

前中心

後ろ身頃（表）

前身頃（表）

1

0.1〜0.2

⑩表からステッチをかける

※余分はカットする

衿ぐり用バイアス布（裏）

1出す

後ろ身頃（表）

1出す

前身頃（表）

1折る

⑤続けて縫う

⑨右後ろ身頃側に布ループをつけ、パイピングする

❶布ループをバイアス布に仮どめする

0.2

1

後ろあき端

布ループ（表）

2

右後ろ身頃（表）

衿ぐり用バイアス布（表）

❷バイアス布を図のように折って縫う

衿ぐり用バイアス布（表）

右後ろ身頃（表）

❸折る

衿ぐり用バイアス布（表）

右後ろ身頃（表）

❹縫い代をくるみ、アイロンで整える

衿ぐり用バイアス布（表）

右後ろ身頃（表）

5. 袖をつける

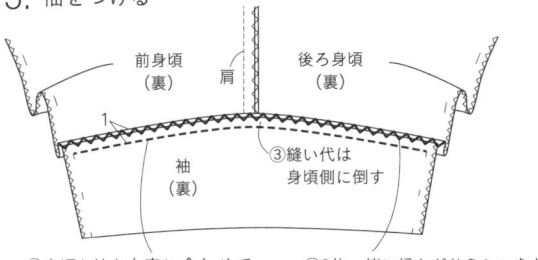

前身頃（裏）　肩　後ろ身頃（裏）

①身頃と袖を中表に合わせて
　印から印まで縫う

②2枚一緒に縁かがりミシンをかける

③縫い代は
　身頃側に倒す

1　袖（裏）

6. 袖下から脇を縫う

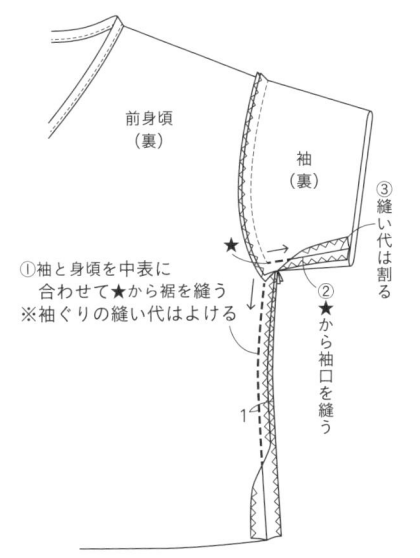

前身頃（裏）　袖（裏）

①袖と身頃を中表に
　合わせて★から裾を縫う
　※袖ぐりの縫い代はよける

②★から袖口を縫う

③縫い代は割る

8. 裾を裾用バイアス布で始末する

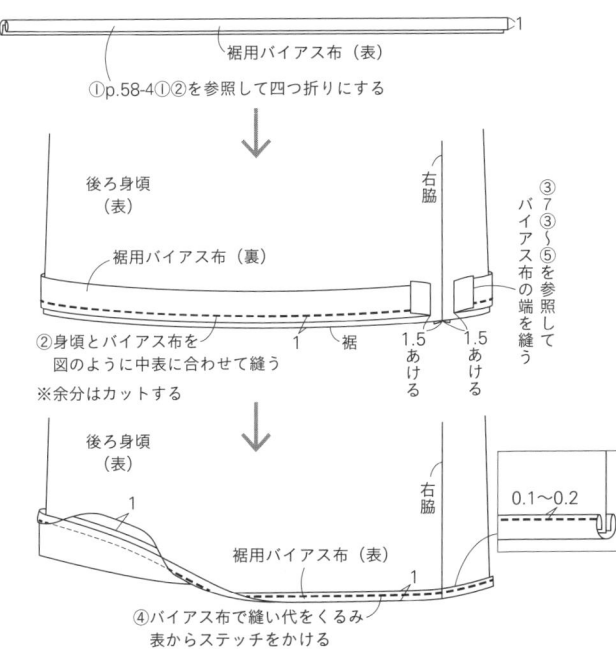

裾用バイアス布（表）

①p.58-4①②を参照して四つ折りにする

後ろ身頃（表）

裾用バイアス布（裏）

右脇

②身頃とバイアス布を
　図のように中表に合わせて縫う
　※余分はカットする

裾　1.5あける　1.5あける

③7③～⑤を参照してバイアス布の端を縫う

後ろ身頃（表）

右脇　0.1～0.2

④バイアス布で縫い代をくるみ
　表からステッチをかける

7. 袖口を袖口用バイアス布で始末する

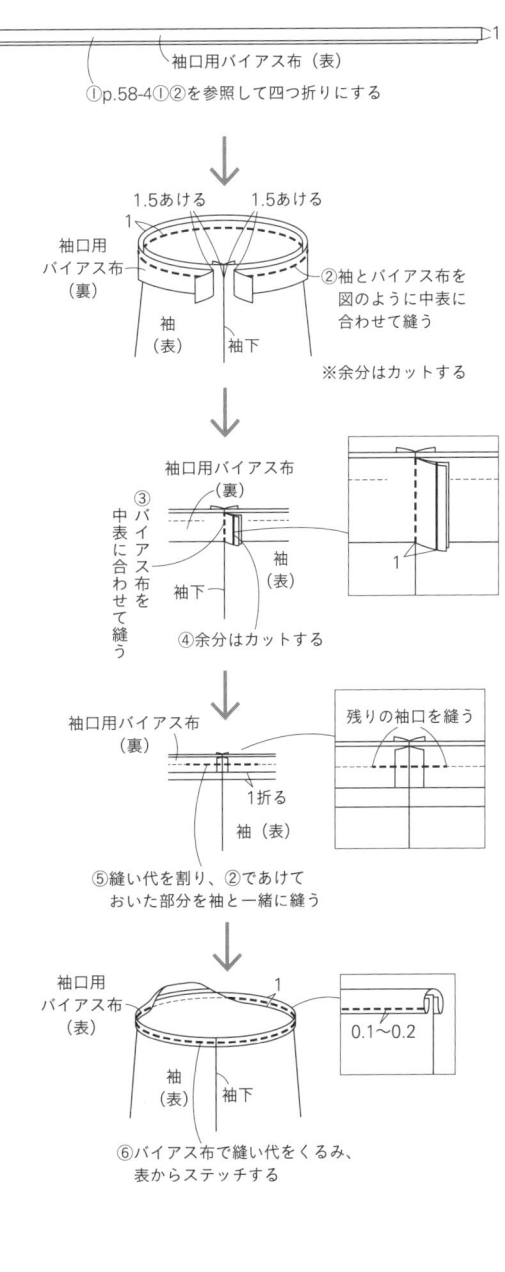

袖口用バイアス布（表）

①p.58-4①②を参照して四つ折りにする

1.5あける　1.5あける

袖口用バイアス布（裏）　袖（表）　袖下

②袖とバイアス布を
　図のように中表に
　合わせて縫う

※余分はカットする

袖口用バイアス布（裏）

③バイアス布を中表に合わせて縫う

袖下　袖（表）

④余分はカットする

袖口用バイアス布（裏）

残りの袖口を縫う

1折る　袖（表）

⑤縫い代を割り、②であけて
　おいた部分を袖と一緒に縫う

袖口用バイアス布（表）　1

袖（表）　袖下

0.1～0.2

⑥バイアス布で縫い代をくるみ、
　表からステッチする

9. 左後ろ衿ぐりにボタンをつける

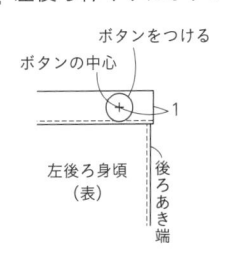

ボタンをつける

ボタンの中心

左後ろ身頃（表）　後ろあき端

D　ボウタイブラウス

→ p.24

【 実物大型紙 】　D面

【 でき上がり寸法 】　※左からS／M／Lサイズ
バスト…104／108／113cm
着丈…60.5／62／63.5cm
袖丈…48／48.5／49cm
肩幅…45／47／49cm

【 材料 】　※左からS／M／Lサイズ
表布…C&S海のブロード（グレイッシュカーキ）
　　　　110cm幅×190／200／200cm
別布…C&Sコットンシルク リンクル（ブラック）
　　　　85×20cm
接着芯…40×70cm
ボタン…直径1cm×7個

【 作り方順序 】
1　前比翼あきを作る
2　肩を縫う…p.58-1参照
3　袖をつける…p.81-2参照
4　袖下から脇を縫う…p.81-3参照
5　袖口にあきを作り、タックを仮どめする
6　カフスを作る
7　カフスをつける
8　衿を作る
9　衿をつける
10　裾を三つ折りにして縫う
11　左前身頃とカフスにボタンをつける

〔裁ち合わせ図〕
※縫い代は指定以外1cm
※ [::::] は裏に接着芯を貼る
※ 〜〜〜 は縁かがりミシンをかける
※数字は上からS／M／Lサイズ
　（指定以外は全サイズ共通）

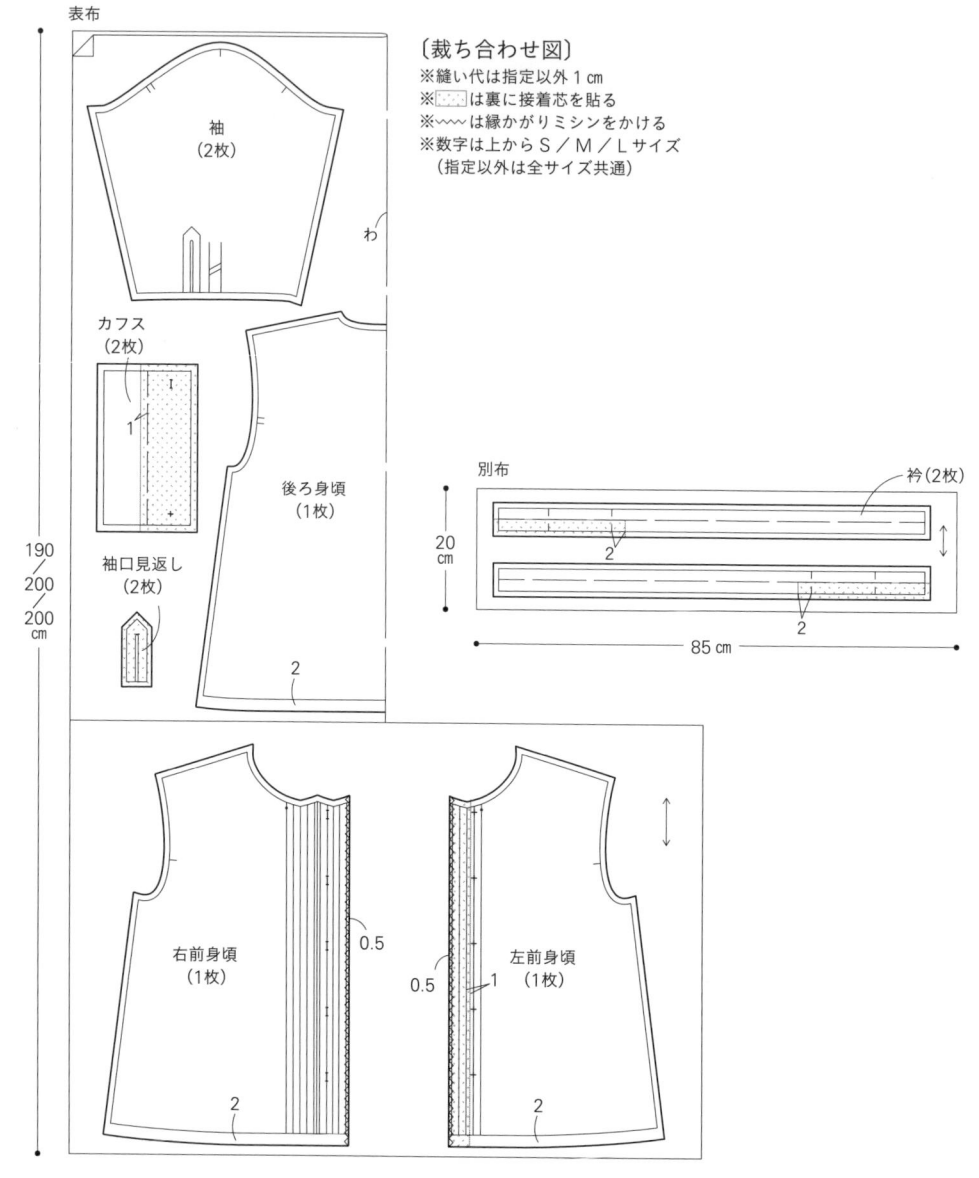

表布

袖
（2枚）

わ

カフス
（2枚）

後ろ身頃
（1枚）

袖口見返し
（2枚）

190
200
200
cm

右前身頃
（1枚）

0.5

左前身頃
（1枚）

0.5　1

2

2

110cm幅

別布

衿（2枚）

20
cm

85cm

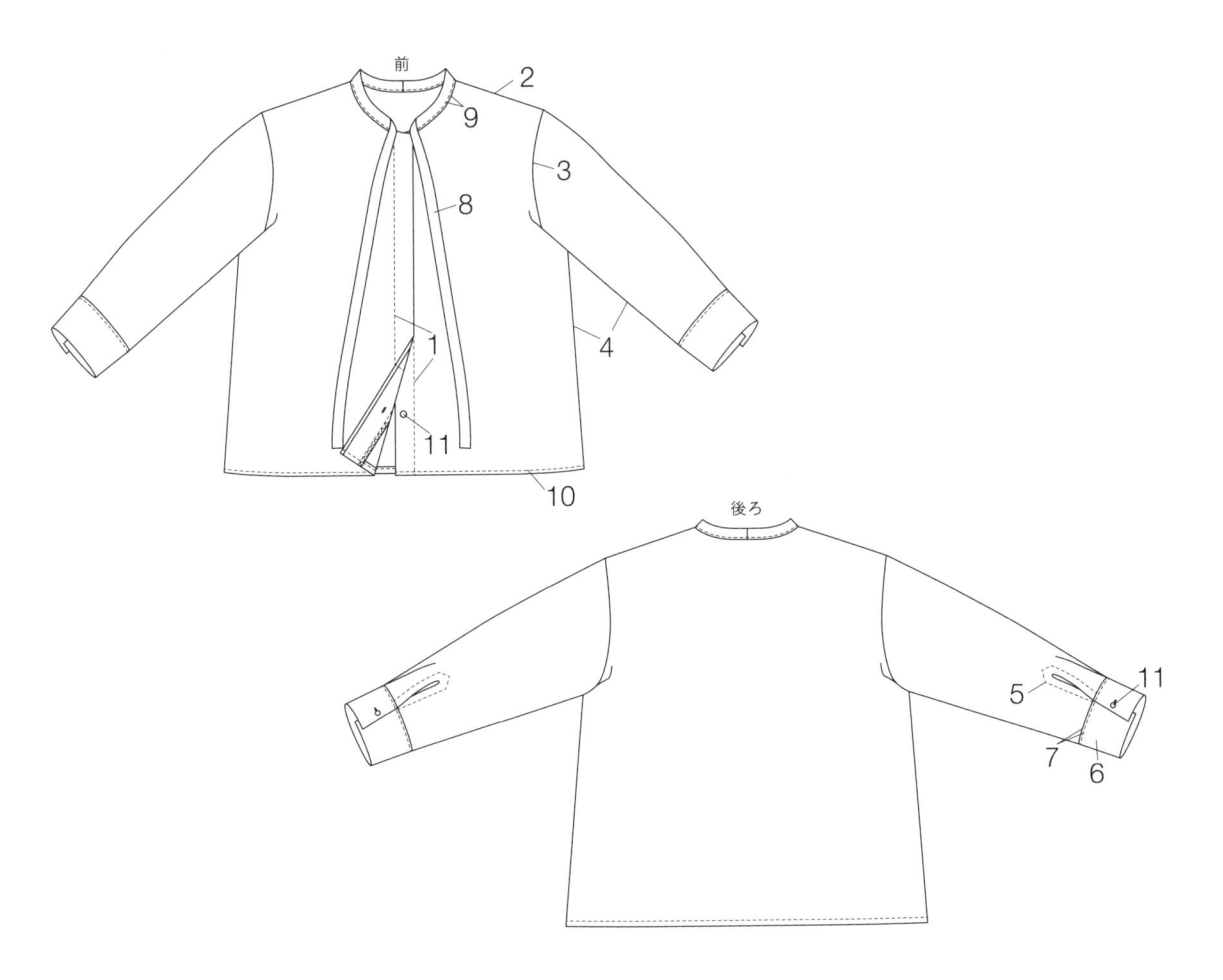

作り方

1. 前比翼あきを作る

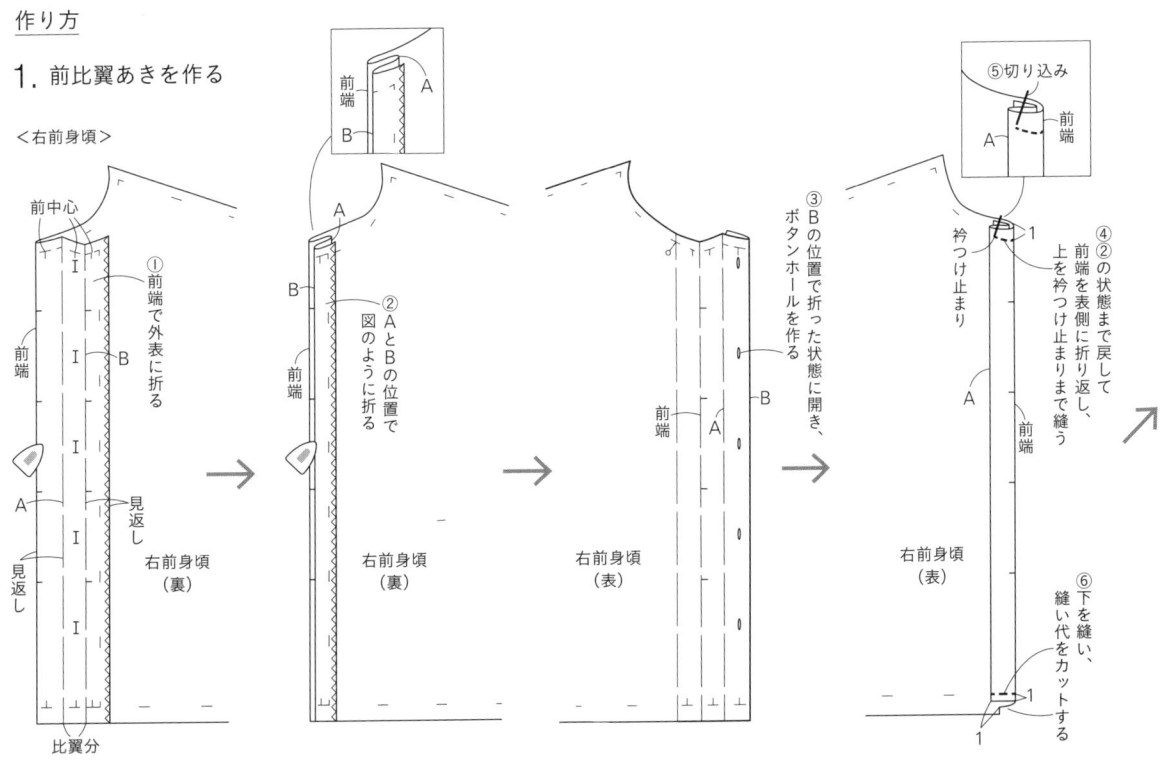

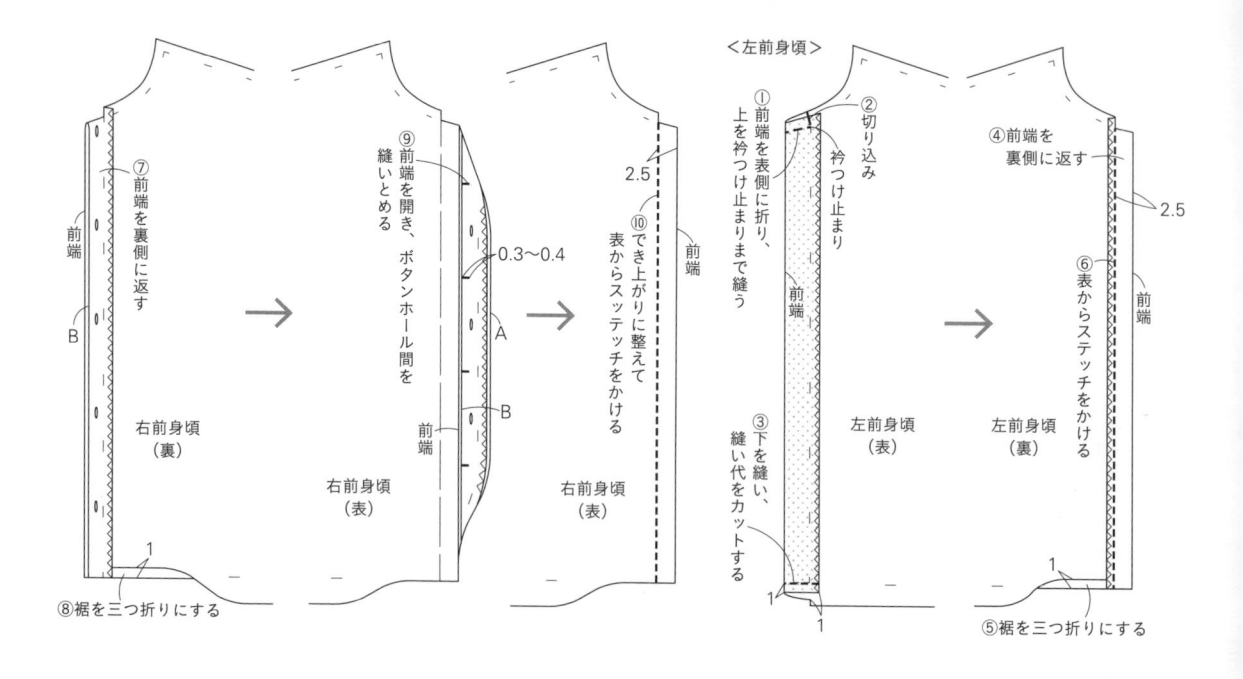

<左前身頃>

① 前端を表側に折り、上を衿つけ止まりまで縫う

② 切り込み
衿つけ止まり

③ 下を縫い、縫い代をカットする

④ 前端を裏側に返す

⑥ 表からステッチをかける

⑤ 裾を三つ折りにする

⑦ 前端を裏側に返す

⑧ 裾を三つ折りにする

⑨ 前端を開き、ボタンホール間を縫いとめる

⑩ でき上がりに整えて表からステッチをかける

0.3〜0.4

2.5

右前身頃（裏）

右前身頃（表）

右前身頃（表）

左前身頃（表）

左前身頃（裏）

前端

A

B

5. 袖口にあきを作り、タックを仮どめする

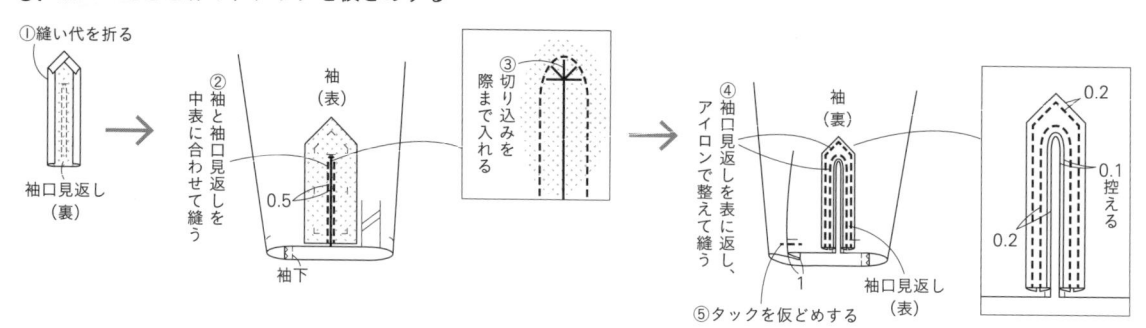

① 縫い代を折る

袖口見返し（裏）

② 袖と袖口見返しを中表に合わせて縫う

袖（表）

0.5

袖下

③ 切り込みを際まで入れる

④ 袖口見返しを表に返し、アイロンで整えて縫う

袖（裏）

⑤ タックを仮どめする

袖口見返し（表）

0.2

0.1 控える

0.2

6. カフスを作る

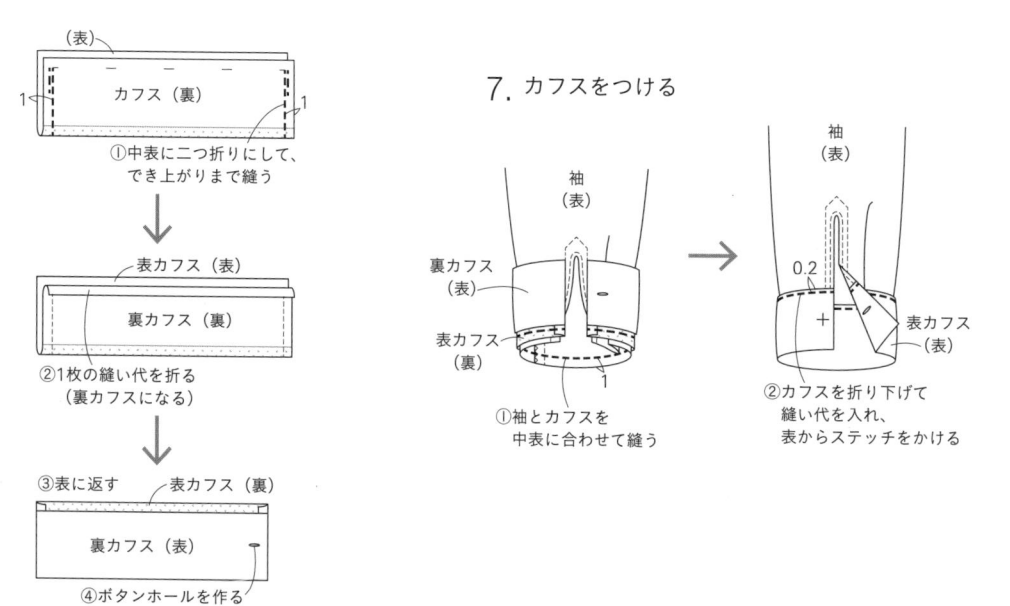

（表）

カフス（裏）

① 中表に二つ折りにして、でき上がりまで縫う

表カフス（表）

裏カフス（裏）

② 1枚の縫い代を折る（裏カフスになる）

③ 表に返す　表カフス（裏）

裏カフス（表）

④ ボタンホールを作る

7. カフスをつける

袖（表）

裏カフス（表）

表カフス（裏）

① 袖とカフスを中表に合わせて縫う

袖（表）

0.2

表カフス（表）

② カフスを折り下げて縫い代を入れ、表からステッチをかける

8. 衿を作る

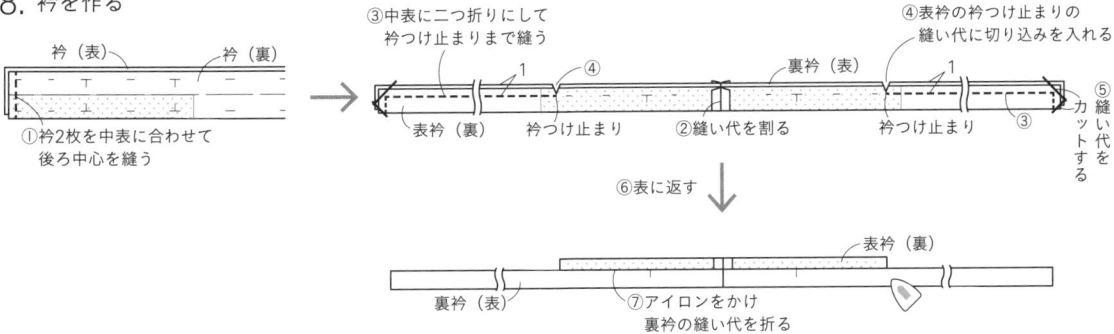

衿（表）　　　衿（裏）

①衿2枚を中表に合わせて
後ろ中心を縫う

③中表に二つ折りにして
衿つけ止まりまで縫う

④表衿（裏）　衿つけ止まり　②縫い代を割る　裏衿（表）

④表衿の衿つけ止まりの
縫い代に切り込みを入れる

衿つけ止まり　③

⑤縫い代をカットする

⑥表に返す

裏衿（表）　　⑦アイロンをかけ
裏衿の縫い代を折る

表衿（裏）

9. 衿をつける

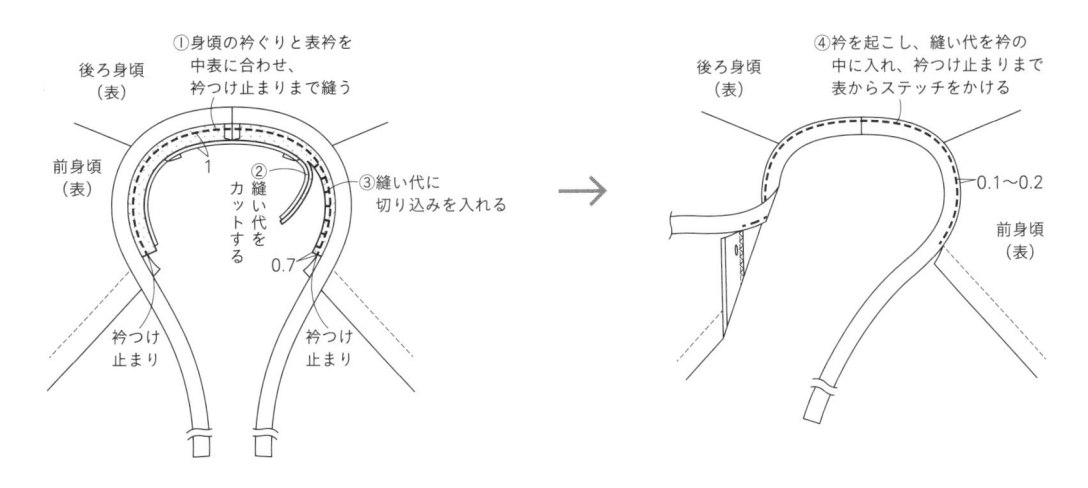

後ろ身頃
（表）

①身頃の衿ぐりと表衿を
中表に合わせ、
衿つけ止まりまで縫う

前身頃
（表）

②縫い代をカットする

③縫い代に
切り込みを入れる

0.7

衿つけ
止まり　　衿つけ
止まり

④衿を起こし、縫い代を衿の
中に入れ、衿つけ止まりまで
表からステッチをかける

後ろ身頃
（表）

0.1～0.2

前身頃
（表）

10. 裾を三つ折りにして縫う

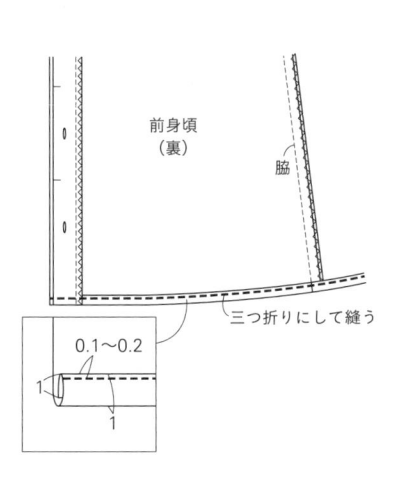

前身頃
（裏）

脇

三つ折りにして縫う

0.1～0.2

1

11. 左前身頃とカフスにボタンをつける

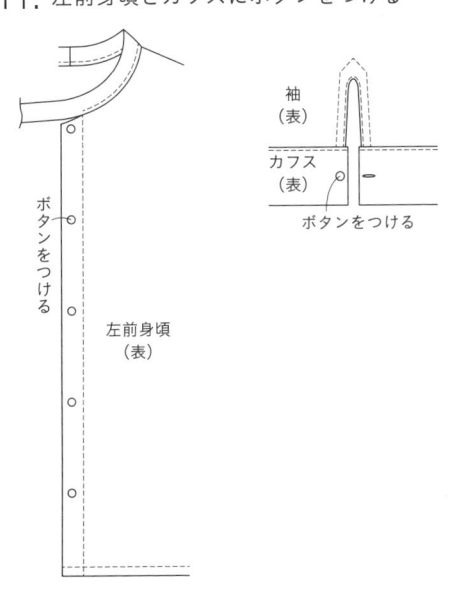

ボタンをつける

左前身頃
（表）

袖
（表）

カフス
（表）

ボタンをつける

E バルーン袖ワンピース

→ p.16

【実物大型紙】　A面

【でき上がり寸法】　※左からS／M／Lサイズ
バスト…151／155／160cm
着丈…103.5／106／108.5cm
袖丈…37／37.5／38cm
肩幅…59／61／63cm

【材料】　※左からS／M／Lサイズ
表布…よそいきのハーフリネン（ダークネイビー）
　　　120cm幅×330／340／350cm
伸び止め接着テープ…1.5cm幅×70cm
ボタン…直径1cm×1個

【作り方順序】

1　後ろ中心を縫う
2　後ろ身頃のタックを縫う
3　後ろヨークと後ろ身頃を縫い合わせる
4　前身頃と後ろヨークを縫い合わせる
5　布ループ（長さ7×1本）を作る…p.55-1参照
6　衿ぐりを衿ぐり用バイアス布で始末する
7　袖のタックを縫い、袖口にギャザーミシンをかける
8　袖をつける…p.81-2参照
9　袖下から脇を縫う…p.95-4参照
10　ポケットを作る…p.93ポケットの作り方参照
11　袖口を袖口用バイアス布で始末する
12　裾を三つ折りにして縫う…でき上がり図参照
13　左後ろ衿ぐりにボタンをつける

〔裁ち合わせ図〕

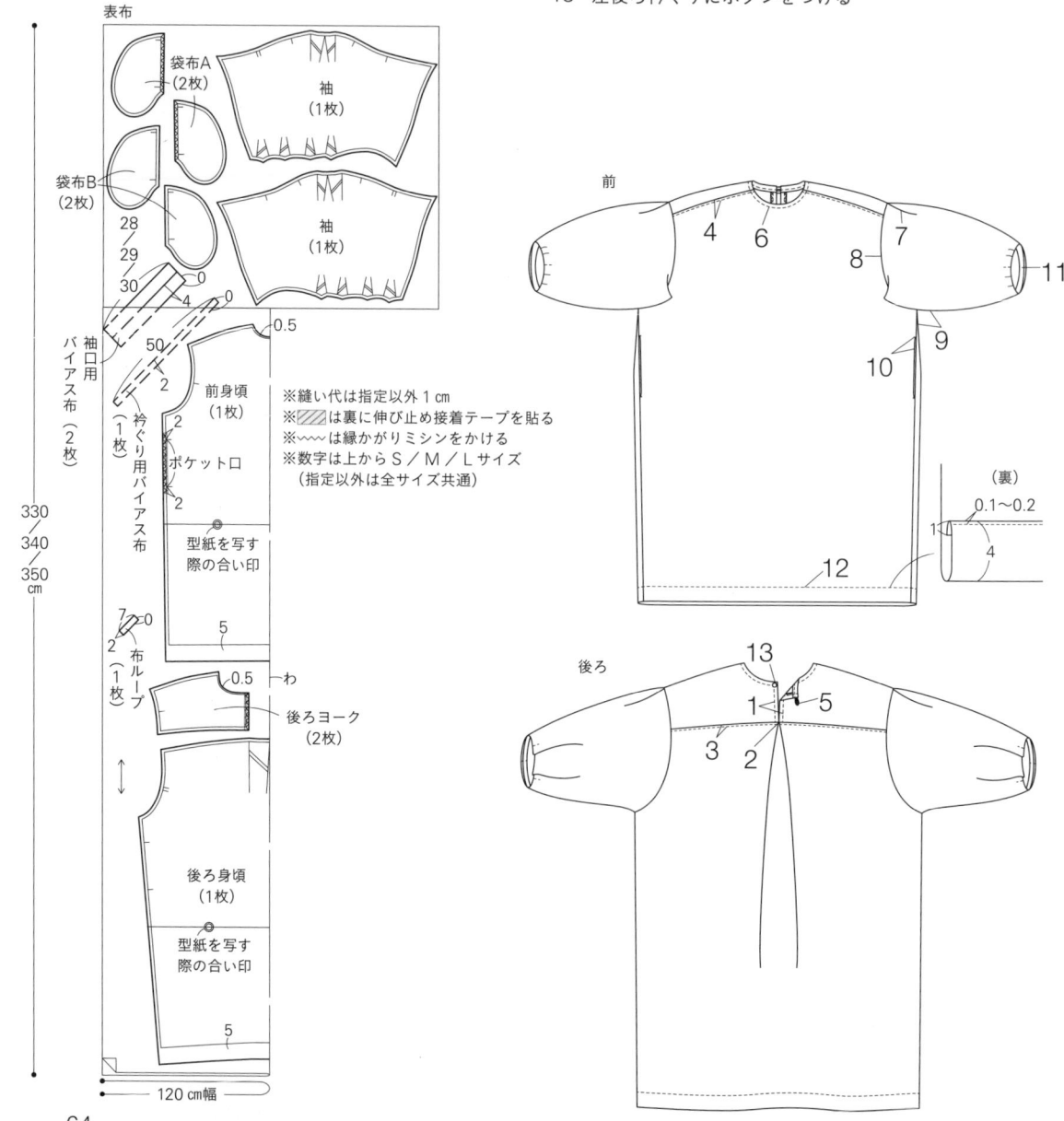

※縫い代は指定以外1cm
※▨は裏に伸び止め接着テープを貼る
※〰〰は縁かがりミシンをかける
※数字は上からS／M／Lサイズ
　（指定以外は全サイズ共通）

表布

袋布A（2枚）
袋布B（2枚）
袖（1枚）
袖（1枚）

袖口用バイアス布（2枚）
衿ぐり用バイアス布（2枚）
前身頃（1枚）
ポケット口
型紙を写す際の合い印
布ループ（1枚）
後ろヨーク（2枚）
後ろ身頃（1枚）
型紙を写す際の合い印

330／340／350cm
120cm幅

前

後ろ

（裏）
0.1〜0.2

作り方

1. 後ろ中心を縫う

後ろ中心

後ろヨーク
（裏）

0.8

1

縫い代を1折って
ステッチをかける

2. 後ろ身頃のタックを縫う

タックを仮どめする

0.7 後ろ中心

後ろ身頃
（表）

3. 後ろヨークと後ろ身頃を縫い合わせる

①後ろヨークと後ろ身頃を
中表に合わせて縫う

1

後ろヨーク
（表）

③縫い代は身頃側に倒す

後ろ身頃
（表）

後ろヨーク
（裏）

0.1〜0.2

④ステッチをかける

②2枚一緒に縁かがり
ミシンをかける

4. 前身頃と後ろヨークを縫い合わせる

②2枚一緒に
縁かがりミシンをかける

1

①前身頃と後ろヨークを
中表に合わせて縫う

後ろヨーク
（表）

前身頃
（裏）

↓

③縫い代は前身頃側に倒す

前身頃
（表）

0.1〜0.2

④ステッチをかける

後ろヨーク
（表）

6. 衿ぐりを衿ぐり用バイアス布で始末する

②身頃とバイアス布を
中表に合わせて縫う
※余分はカットする

①バイアス布の一方の長辺を0.7折る

1出す 0.5

衿ぐり用
バイアス布
（裏）

0.7

1出す

後ろヨーク
（表）

↘

③バイアス布の
端を折る

後ろヨーク
（表）

1折る

1折る

衿ぐり用
バイアス布
（裏）

⑤右後ろのバイアス布に
布ループを差し込み、
3回ミシンでとめる

0.1〜0.2 1

（裏）

↙

0.1控える

0.8

0.2

後ろヨーク
（裏）

④バイアス布を身頃の
裏側に折り返して縫う

7. 袖のタックを縫い、袖口にギャザーミシンをかける

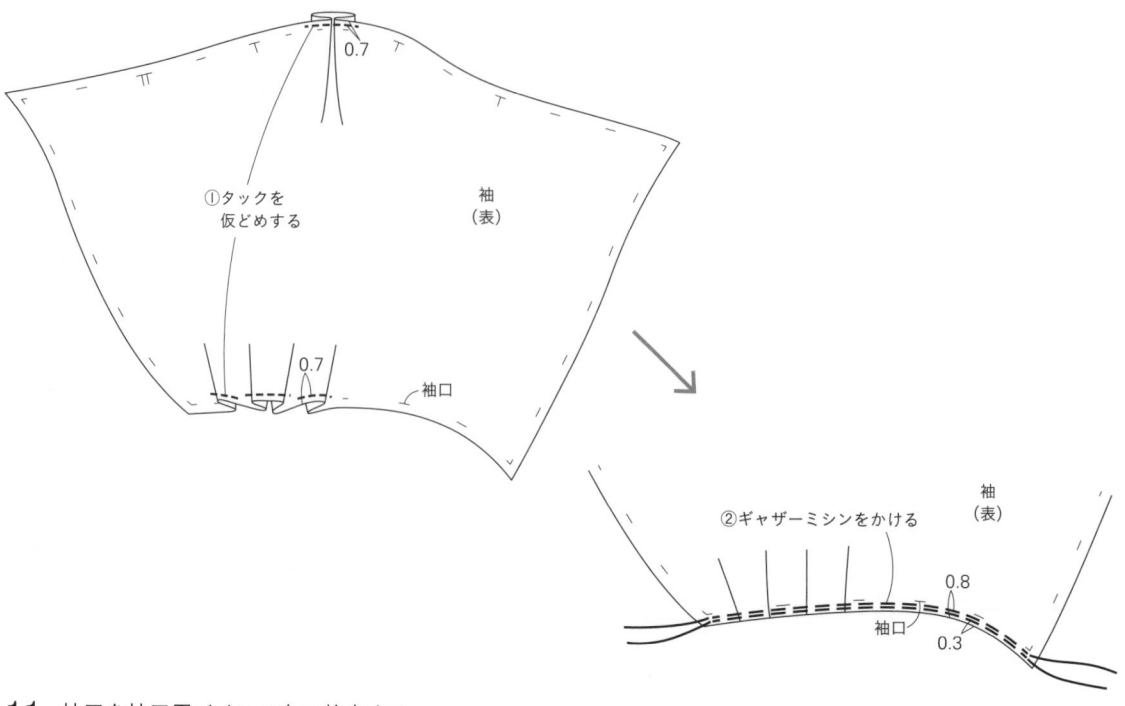

①タックを
仮どめする

袖
（表）

0.7

0.7

袖口

②ギャザーミシンをかける

袖
（表）

0.8

袖口

0.3

11. 袖口を袖口用バイアス布で始末する

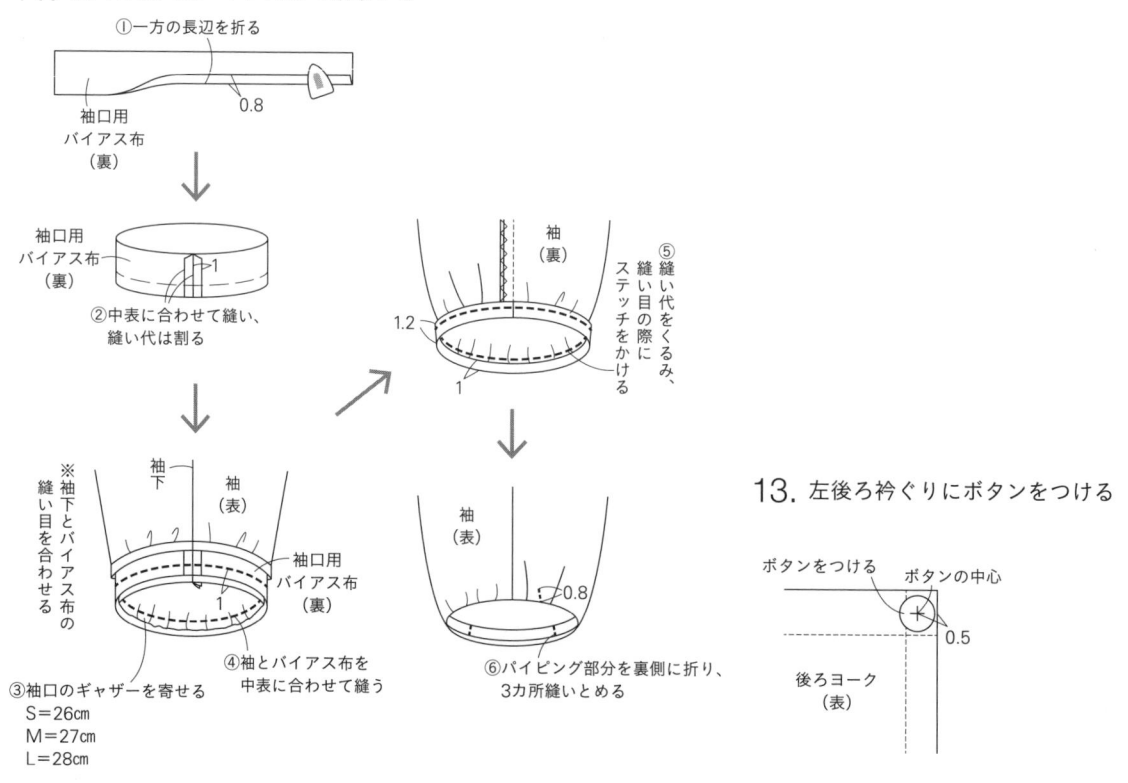

①一方の長辺を折る

0.8

袖口用
バイアス布
（裏）

袖口用
バイアス布
（裏）

1

②中表に合わせて縫い、
縫い代は割る

袖
（裏）

1.2

1

⑤縫い代をくるみ、縫い目の際にステッチをかける

※袖下とバイアス布の縫い目を合わせる

袖下

袖
（表）

袖口用
バイアス布
（裏）

1

③袖口のギャザーを寄せる
　S＝26cm
　M＝27cm
　L＝28cm

④袖とバイアス布を
中表に合わせて縫う

袖
（表）

0.8

⑥パイピング部分を裏側に折り、
3カ所縫いとめる

13. 左後ろ衿ぐりにボタンをつける

ボタンをつける

ボタンの中心

0.5

後ろヨーク
（表）

I 後ろあきワンピース

→ p.10

【実物大型紙】 B面

【でき上がり寸法】 ※左からS／M／Lサイズ
バスト…127.5／132／136.5cm
着丈…113.5／116／118.5cm
袖丈…28.5／29／29.5cm
肩幅…44／46／48cm

【材料】 ※左からS／M／Lサイズ
表布…C&Sコットンパピエ(マッシュルーム)
　　　　105cm幅×300／310／320cm
接着芯…30×60cm
ボタン…直径2cm ×5個

【作り方順序】
1　ポケットを作り、つける
2　後ろあきを作る
3　前後身頃のタックを仮どめする
4　身頃とヨークを縫い合わせる
5　ベルトを作る
6　後ろ端を始末する
7　肩を縫う
8　袖をつける…p.81-2 参照
9　袖下から脇を縫う
10　袖口を始末する…p.73-9 参照
11　ベルト通し口を作る
12　衿ぐりを衿ぐり用バイアス布で始末する
13　裾を三つ折りにして縫う…でき上がり図参照
14　右後ろヨークと右ベルトにボタンをつける

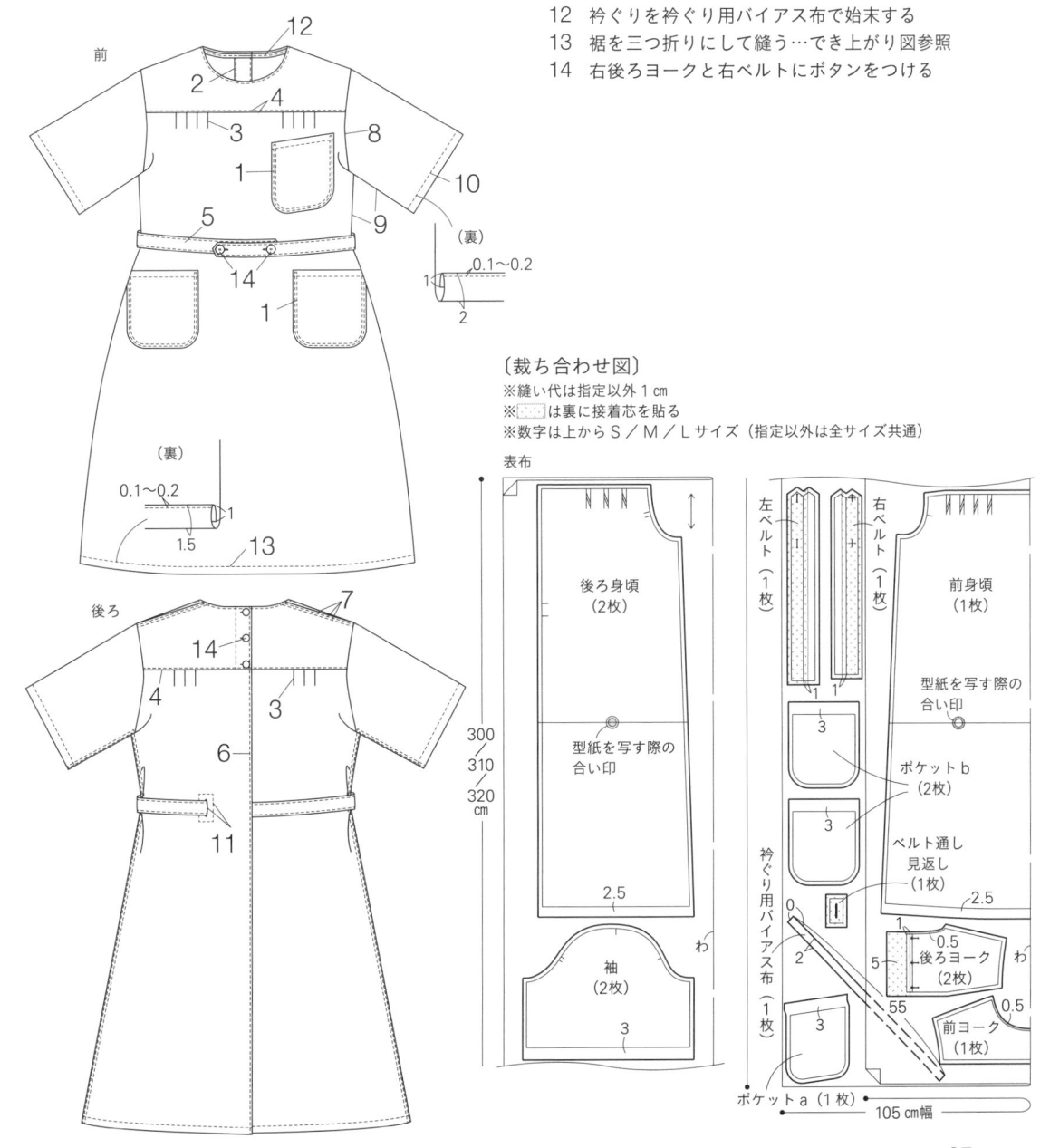

〔裁ち合わせ図〕
※縫い代は指定以外1cm
※　　は裏に接着芯を貼る
※数字は上からS／M／Lサイズ（指定以外は全サイズ共通）

67

作り方

1. ポケットを作り、つける

〈ポケットa〉

①ポケット口を
三つ折りにして縫う

ポケット口

1

2

0.1～0.2

（裏）

0.5

②カーブ部分を
ぐし縫いする

はみ出す部分は
折り込む

※糸を引いて
カーブを作る

（裏）

③でき上がりに折る
※ポケットbも同様に縫い、
2個作る

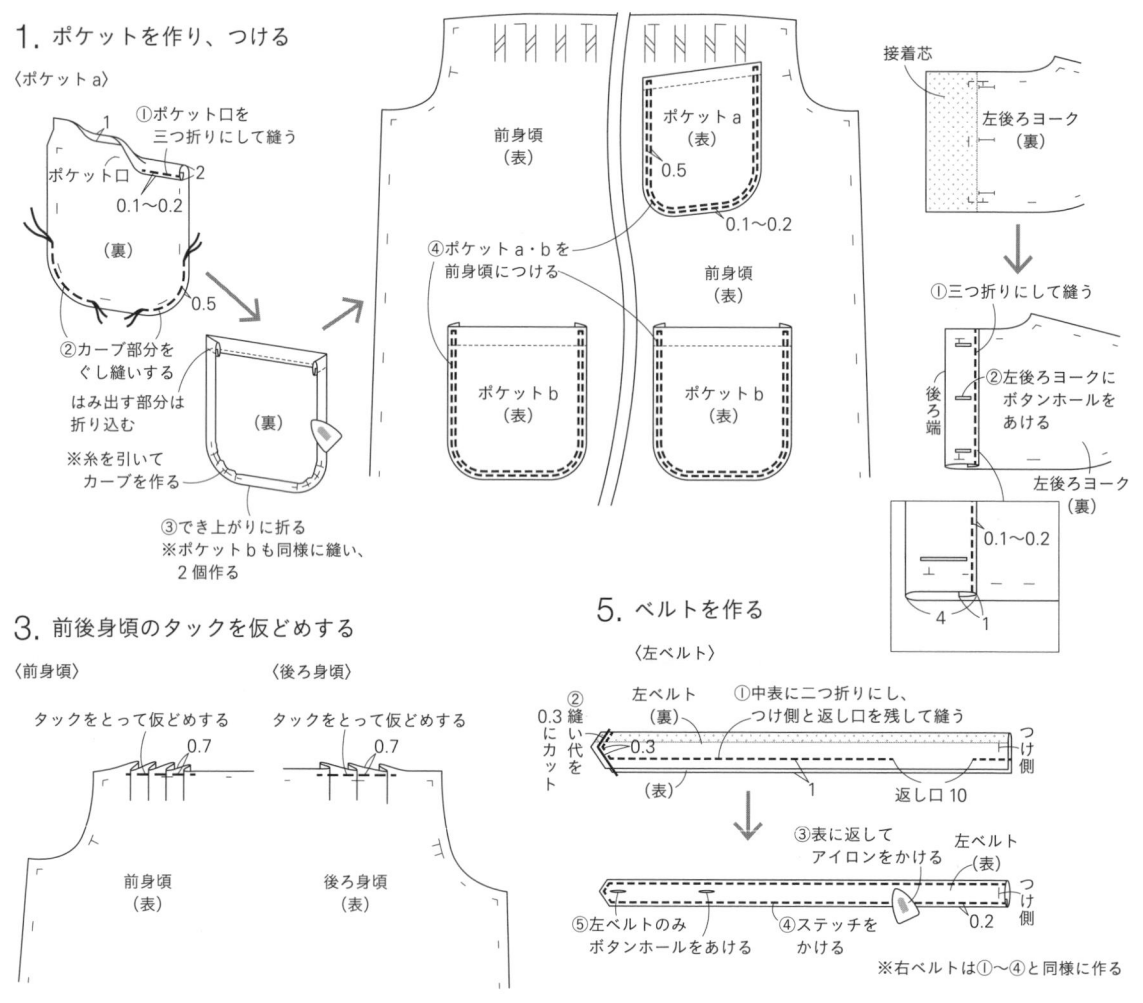

前身頃（表）

ポケットa（表）

0.5

0.1～0.2

④ポケットa・bを
前身頃につける

前身頃（表）

ポケットb（表）

ポケットb（表）

2. 後ろあきを作る

接着芯

左後ろヨーク（裏）

①三つ折りにして縫う

後ろ端

②左後ろヨークに
ボタンホールをあける

左後ろヨーク（裏）

0.1～0.2

4　1

3. 前後身頃のタックを仮どめする

〈前身頃〉

タックをとって仮どめする

0.7

前身頃（表）

〈後ろ身頃〉

タックをとって仮どめする

0.7

後ろ身頃（表）

5. ベルトを作る

〈左ベルト〉

②0.3縫い代にカット

左ベルト（裏）

0.3

①中表に二つ折りにし、
つけ側と返し口を残して縫う

（表）

1

返し口10

つけ側

③表に返して
アイロンをかける

左ベルト（表）

つけ側

0.2

⑤左ベルトのみ
ボタンホールをあける

④ステッチを
かける

※右ベルトは①～④と同様に作る

4. 身頃とヨークを縫い合わせる

〈前〉

①前身頃と前ヨークを
中表に合わせて縫う

1

前身頃（表）

前ヨーク（裏）

②2枚一緒に
縁かがりミシンをかける

前ヨーク（表）

③縫い代はヨーク側に倒す

④ステッチをかける

0.5

前身頃（表）

〈後ろ〉

①後ろ身頃と後ろヨークを
中表に合わせて縫う

1

後ろヨーク（裏）

②2枚一緒に縁かがり
ミシンをかける

後ろ身頃（表）

後ろ端

後ろヨーク（表）

③縫い代はヨーク側に倒す

1

後ろ身頃（表）

後ろ端

6. 後ろ端を始末する

②表からステッチをかける

右後ろヨーク（裏）

0.5

0.5

右後ろ身頃（裏）

①身頃の後ろ端を三つ折りにして、ベルトをはさみ、ヨーク～裾までステッチをかける

0.3

0.5

0.7

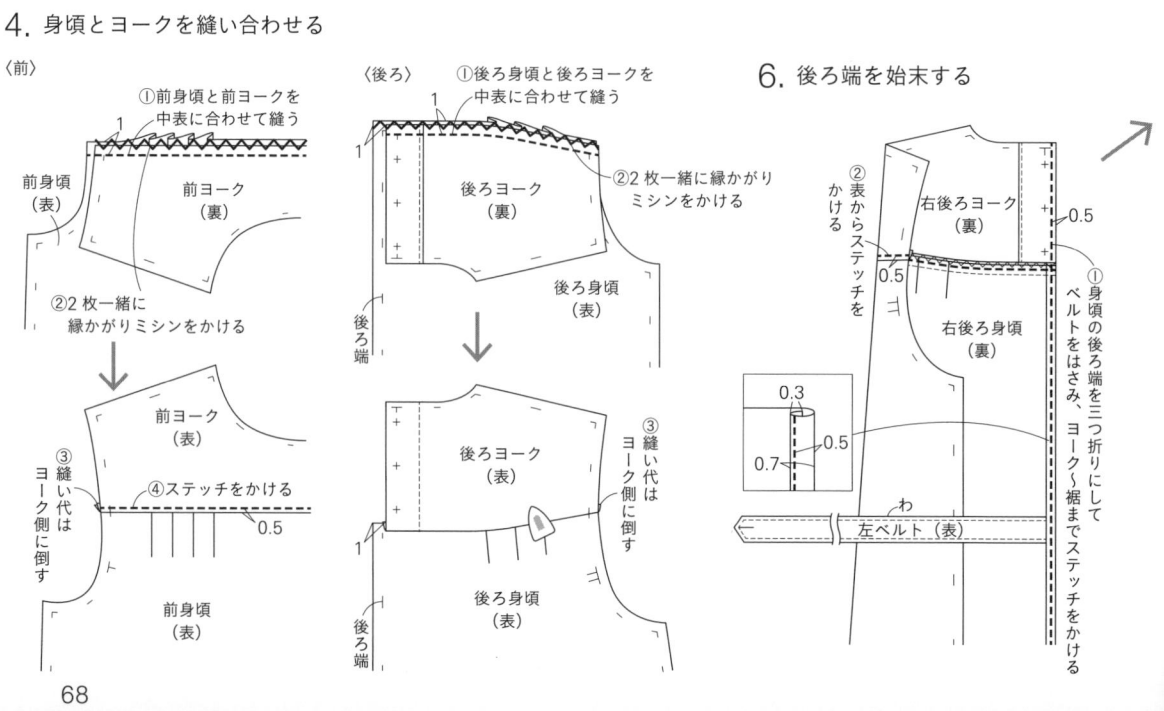

わ

左ベルト（表）

7. 肩を縫う

左ベルト（表）

0.4

③ベルトを返し、ステッチをかける

右後ろ身頃（裏）

後ろ端

※反対側も同様に縫う

右後ろヨーク（表）

①前後ヨークを中表に合わせて縫う

②2枚一緒に縁かがりミシンをかける

前ヨーク（裏）

前身頃（裏）

1

前ヨーク（表）

0.1

0.5

右後ろヨーク（表）

③縫い代を後ろ側に倒し、ステッチをかける

---

9. 袖下から脇を縫う

袖（表）

後ろ身頃（表）

③縫い代を後ろ側に倒し、ステッチをかける

0.1

0.5

①袖と身頃を中表に合わせて縫う

1

②2枚一緒に縁かがりミシンをかける

---

11. ベルト通し口を作る

ベルト通し見返し（裏）

①縫い代に折り目をつける

③縫い代の際まで切り込みを入れる

②左後ろ身頃とベルト通し見返しを中表に合わせて縫う

後ろ端

右ベルト（表）

左後ろ身頃（表）

後ろ端

右ベルト（表）

ベルト通し見返し（表）

⑤縫い代を折り、ステッチをかける

④③の切り込みから表に返し、アイロンを当てる

0.1〜0.2

左後ろ身頃（裏）

---

14. 右後ろヨークと右ベルトにボタンをつける

〈右後ろヨーク〉

ボタンの中心

ボタンをつける

右後ろヨーク（表）

後ろ端

〈右ベルト〉

ボタンをつける

右ベルト（表）

ボタンの中心

---

12. 衿ぐりを衿ぐり用バイアス布で始末する

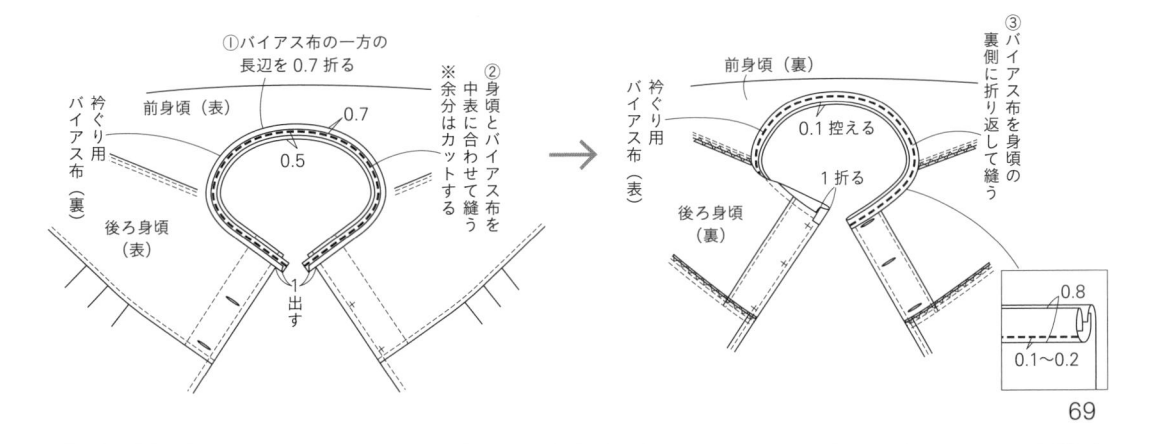

①バイアス布の一方の長辺を0.7折る

衿ぐり用バイアス布（裏）

前身頃（表）

0.7

0.5

※余分はカットする

②身頃とバイアス布を中表に合わせて縫う

後ろ身頃（表）

出す

③バイアス布を身頃の裏側に折り返して縫う

前身頃（裏）

衿ぐり用バイアス布（表）

0.1控える

1折る

後ろ身頃（裏）

0.8

0.1〜0.2

F ロングシャツ

→ p.26, 28

【実物大型紙】 C面

【でき上がり寸法】 ※左からS／M／Lサイズ
バスト…121／125／130cm
着丈…97／98.5／100cm
袖丈…27.5／28／28.5cm
肩幅…63.5／65.5／67.5cm

【材料】 ※左からS／M／Lサイズ
表布…F-1　リバティプリント Chive
　　　　　（◎J11E／スモーキーピンク系）
　　　　　108cm幅×290／290／300cm
　　　 F-2　C&S sunny days check
　　　　　（ブラック×ホワイト・5mm幅）
　　　　　110cm幅×290／290／300cm
共通
接着芯…80×40cm
伸び止め接着テープ…1.5cm幅×50cm
ボタン…直径1cm ×4個

【作り方順序】

1　ヨークと身頃を縫い合わせる
2　前あきを作る
3　上衿を作る
4　上衿と台衿を縫い合わせる
5　衿をつける
6　袖をつける…p.59-5参照
7　袖下から脇を縫う
8　ポケットを作る…p.93ポケットの作り方参照
9　袖口を始末する
10　脇スリットから裾を始末する
11　右前身頃にボタンホールを作り、左前身頃にボタンをつける

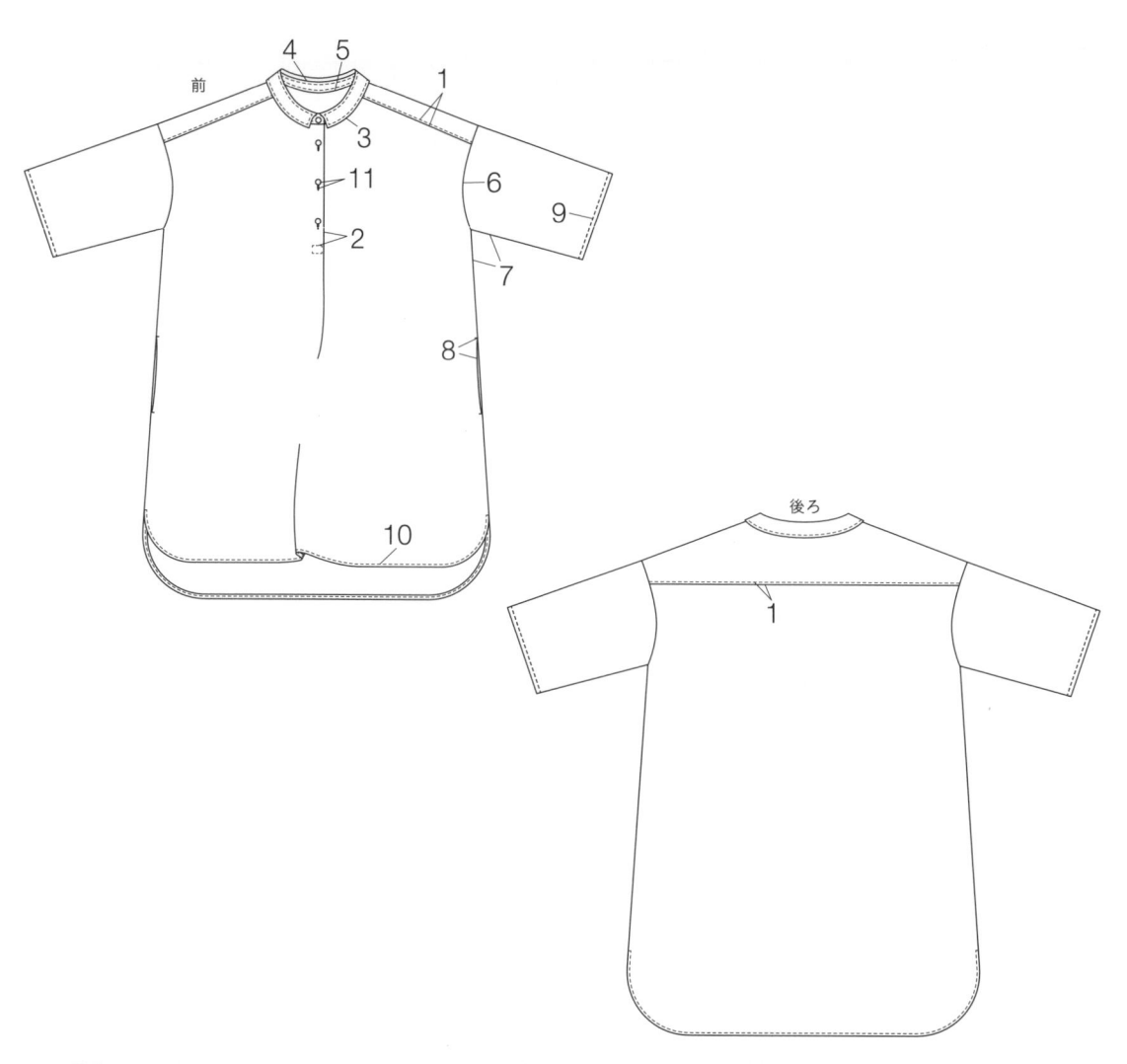

〔裁ち合わせ図〕
※縫い代は指定以外1cm
※░░は裏に接着芯を貼る
※▨▨は裏に伸び止め接着テープを貼る
※〰〰は縁かがりミシンをかける
※数字は上からS／M／Lサイズ

作り方

1. ヨークと身頃を縫い合わせる

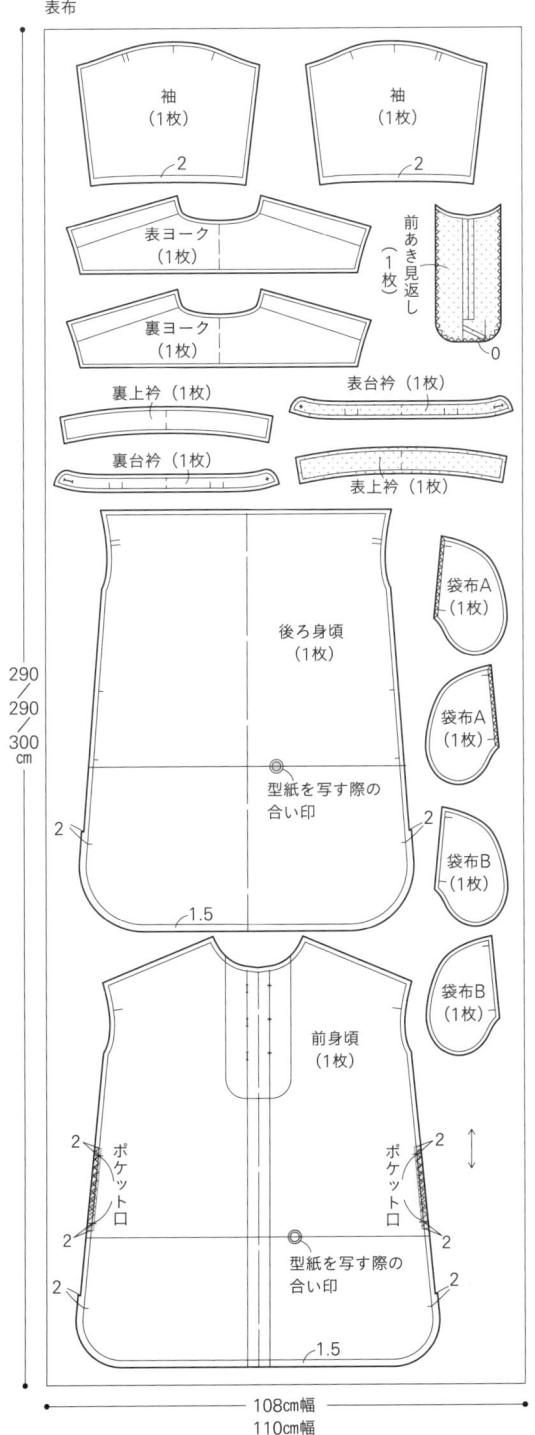

表布

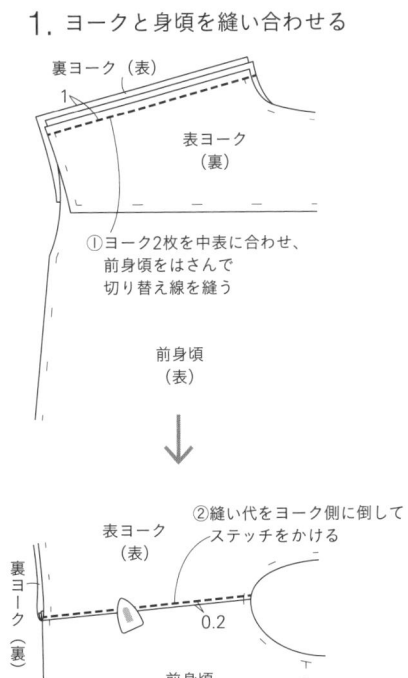

①ヨーク2枚を中表に合わせ、前身頃をはさんで切り替え線を縫う

②縫い代をヨーク側に倒してステッチをかける

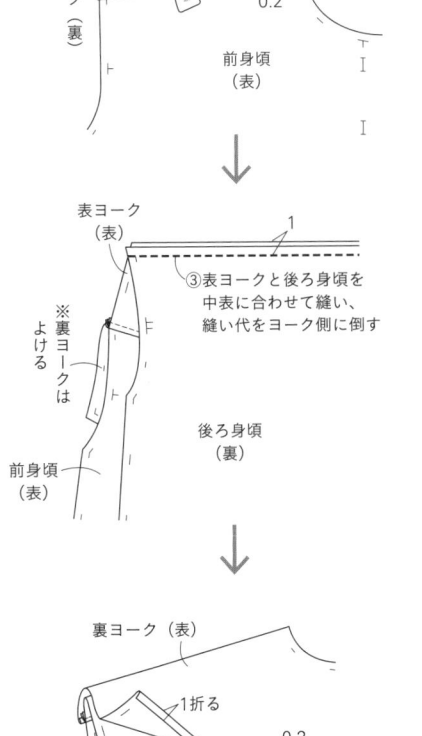

③表ヨークと後ろ身頃を中表に合わせて縫い、縫い代をヨーク側に倒す

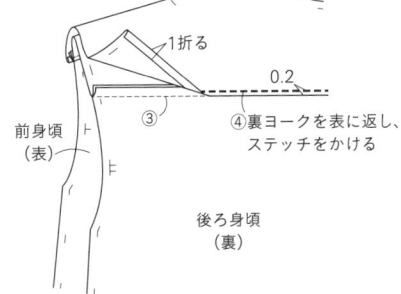

④裏ヨークを表に返し、ステッチをかける

2. 前あきを作る

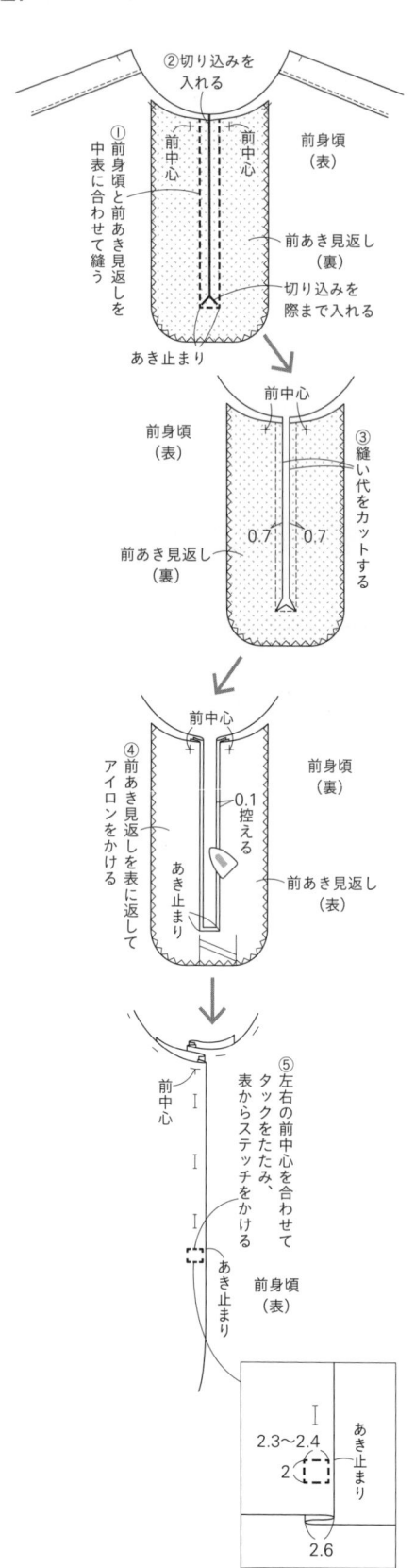

①前身頃と前あき見返しを中表に合わせて縫う

②切り込みを入れる

前中心 / 前中心 / 前身頃（表）

前身頃（表）

前あき見返し（裏）

切り込みを際まで入れる

あき止まり

前中心

前身頃（表）

③縫い代をカットする

前あき見返し（裏）

0.7 0.7

前中心

前身頃（裏）

④前あき見返しを表に返してアイロンをかける

0.1控える

あき止まり

前あき見返し（表）

前中心

前身頃（表）

⑤左右の前中心を合わせてタックをたたみ、表からステッチをかける

あき止まり

2.3〜2.4

2

あき止まり

2.6

3. 上衿を作る

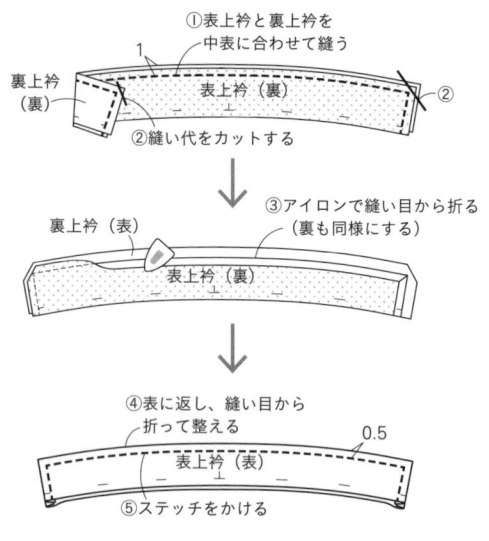

①表上衿と裏上衿を中表に合わせて縫う

裏上衿（裏）

表上衿（裏）

1

②

②縫い代をカットする

裏上衿（表）

③アイロンで縫い目から折る（裏も同様にする）

表上衿（裏）

④表に返し、縫い目から折って整える

0.5

表上衿（表）

⑤ステッチをかける

4. 上衿と台衿を縫い合わせる

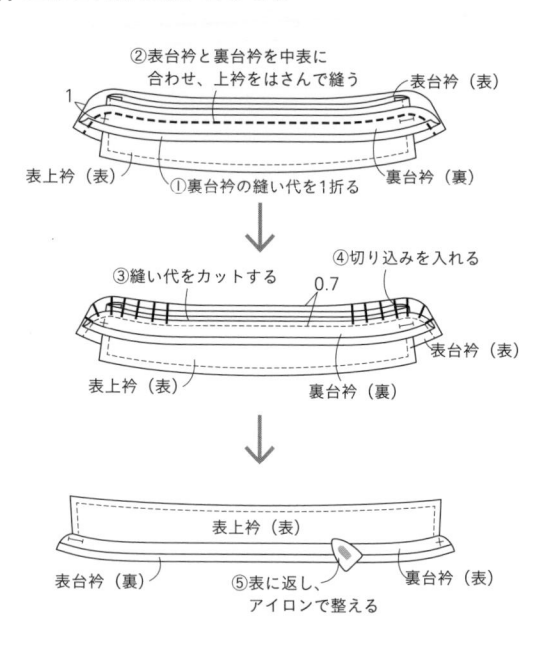

②表台衿と裏台衿を中表に合わせ、上衿をはさんで縫う

表台衿（表）

1

表上衿（表）

①裏台衿の縫い代を1折る

裏台衿（裏）

③縫い代をカットする

④切り込みを入れる

0.7

表上衿（表）

表台衿（表）

裏台衿（裏）

表上衿（表）

表台衿（裏）

⑤表に返し、アイロンで整える

裏台衿（表）

5. 衿をつける

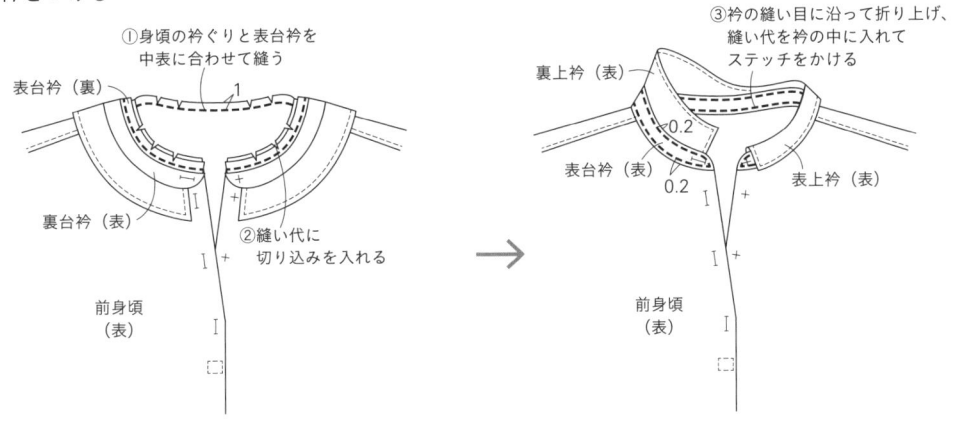

①身頃の衿ぐりと表台衿を中表に合わせて縫う

表台衿（裏）
裏台衿（表）
前身頃（表）
②縫い代に切り込みを入れる

③衿の縫い目に沿って折り上げ、縫い代を衿の中に入れてステッチをかける

裏上衿（表）
0.2
表台衿（表） 0.2
表上衿（表）
前身頃（表）

7. 袖下から脇を縫う
8. ポケットを作る

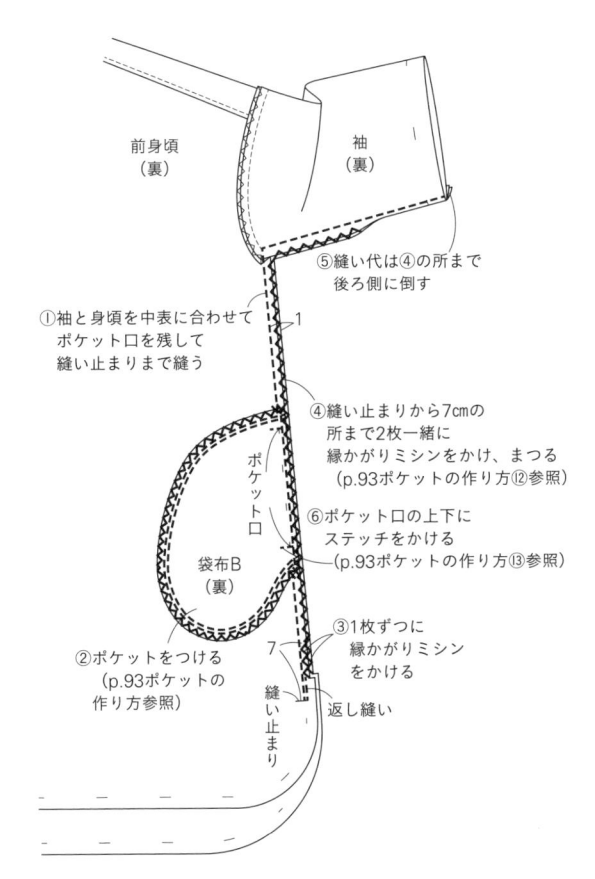

前身頃（裏）
袖（裏）

①袖と身頃を中表に合わせてポケット口を残して縫い止まりまで縫う
1

⑤縫い代は④の所まで後ろ側に倒す

④縫い止まりから7cmの所まで2枚一緒に縁かがりミシンをかけ、まつる（p.93ポケットの作り方⑫参照）
⑥ポケット口の上下にステッチをかける（p.93ポケットの作り方⑬参照）

ポケット口
袋布B（裏）

②ポケットをつける（p.93ポケットの作り方参照）

③1枚ずつに縁かがりミシンをかける
7
縫い止まり
返し縫い

9. 袖口を始末する

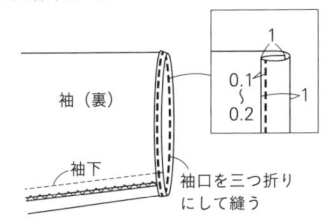

袖（裏）
1
0.1 〜 0.2
1
袖下
袖口を三つ折りにして縫う

10. 脇スリットから裾を始末する

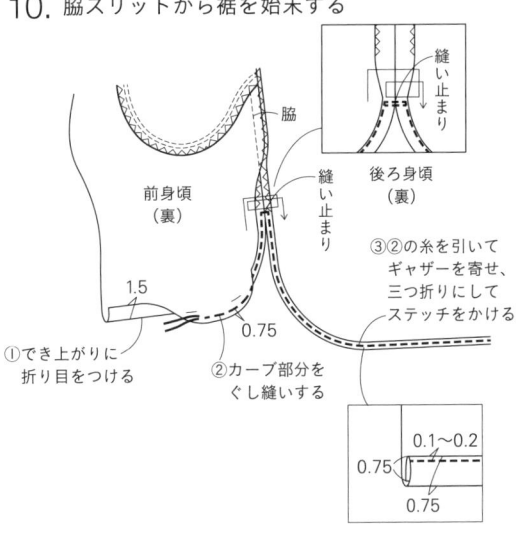

縫い止まり
脇
前身頃（裏）
縫い止まり
後ろ身頃（裏）

①でき上がりに折り目をつける
1.5
0.75
②カーブ部分をぐし縫いする

③②の糸を引いてギャザーを寄せ、三つ折りにしてステッチをかける

0.1〜0.2
0.75
0.75

11. 右前身頃にボタンホールを作り、左前身頃にボタンをつける

※衿は横穴、身頃は縦穴

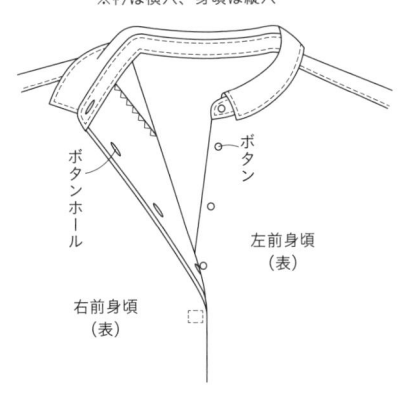

ボタン
ボタンホール
左前身頃（表）
右前身頃（表）

73

G ラグラン袖ワンピース → p.32, 34

【実物大型紙】　B面

【でき上がり寸法】　※左からS／M／Lサイズ

バスト…134／138／142.5cm

着丈…115.5／118／120.5cm

裄丈…85／86.5／88cm

【材料】　※左からS／M／Lサイズ

表布…G-1　C&S海のブロードにミルキーウェイ(ホワイト)
　　　　　110cm幅(刺しゅう有効幅100cm)×420／430／
　　　　　440cm

　　　　G-2　リバティプリント Mortimer(ZE/ブラック)
　　　　　108cm幅×420／430／440cm

共通

接着芯…70×40cm

伸び止め接着テープ…1.5cm幅×50cm

ゴムテープ…1.5cm幅×110cm

【作り方順序】

1　リボンを作る

2　袖口側にギャザーミシンをかける

3　前身頃にリボン通し口を作る

4　袖をつける

5　衿ぐり見返しを作る

6　衿ぐりを始末する

7　袖下から脇を縫う…p.95-4参照

8　ポケットを作る…p.93ポケットの作り方参照

9　カフスを作り、袖口を始末する

10　裾を三つ折りにして縫う…でき上がり図参照

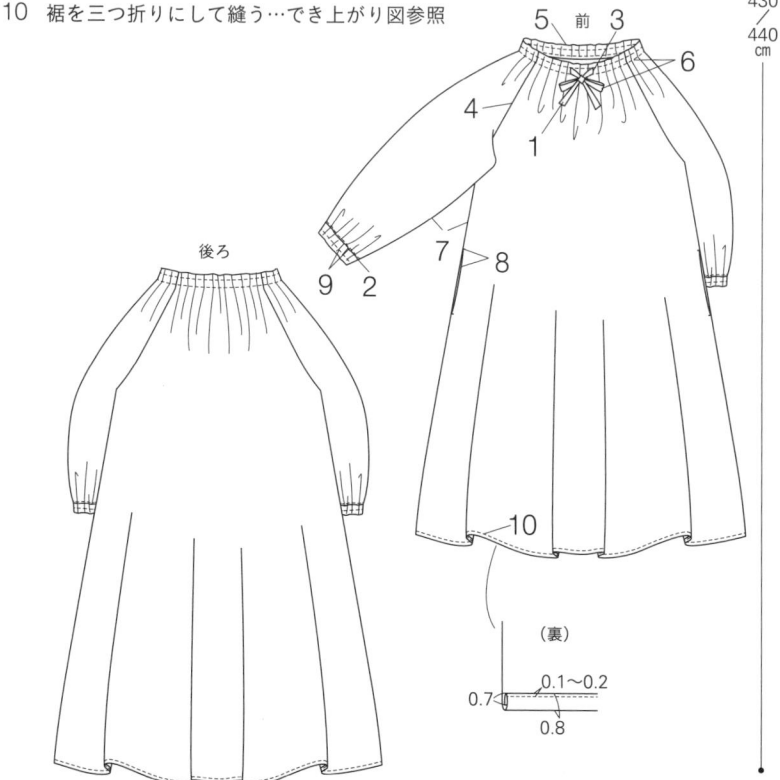

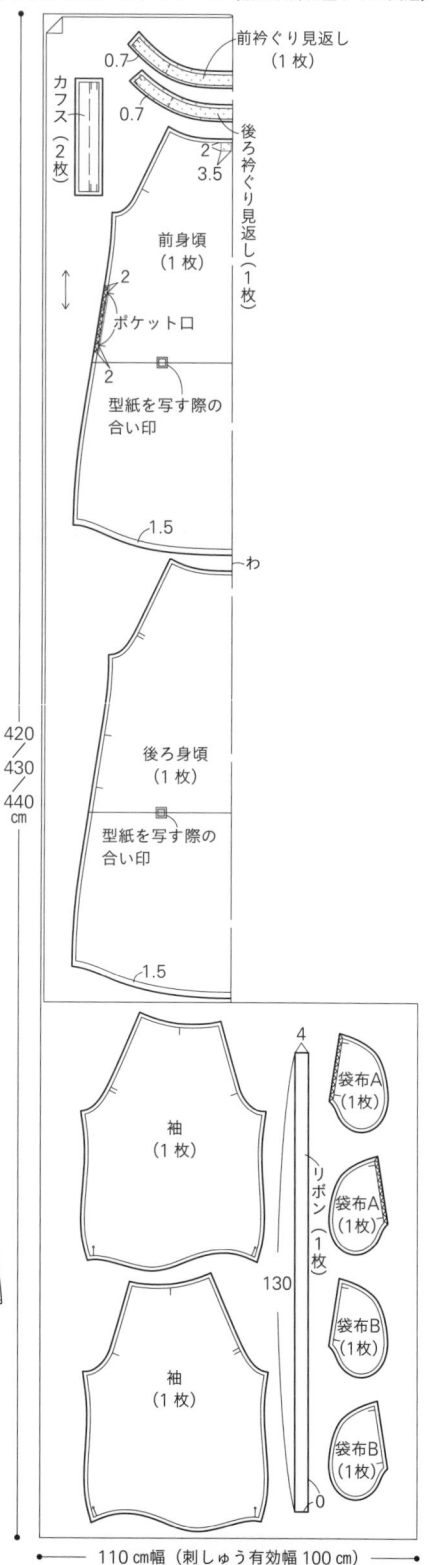

〔裁ち合わせ図〕

※縫い代は指定以外1cm

※□□□は裏に接着芯を貼る

※▨は裏に伸び止め接着テープを貼る

※〜〜〜は縁かがりミシンをかける

※数字は上からS／M／Lサイズ (指定以外は全サイズ共通)

74

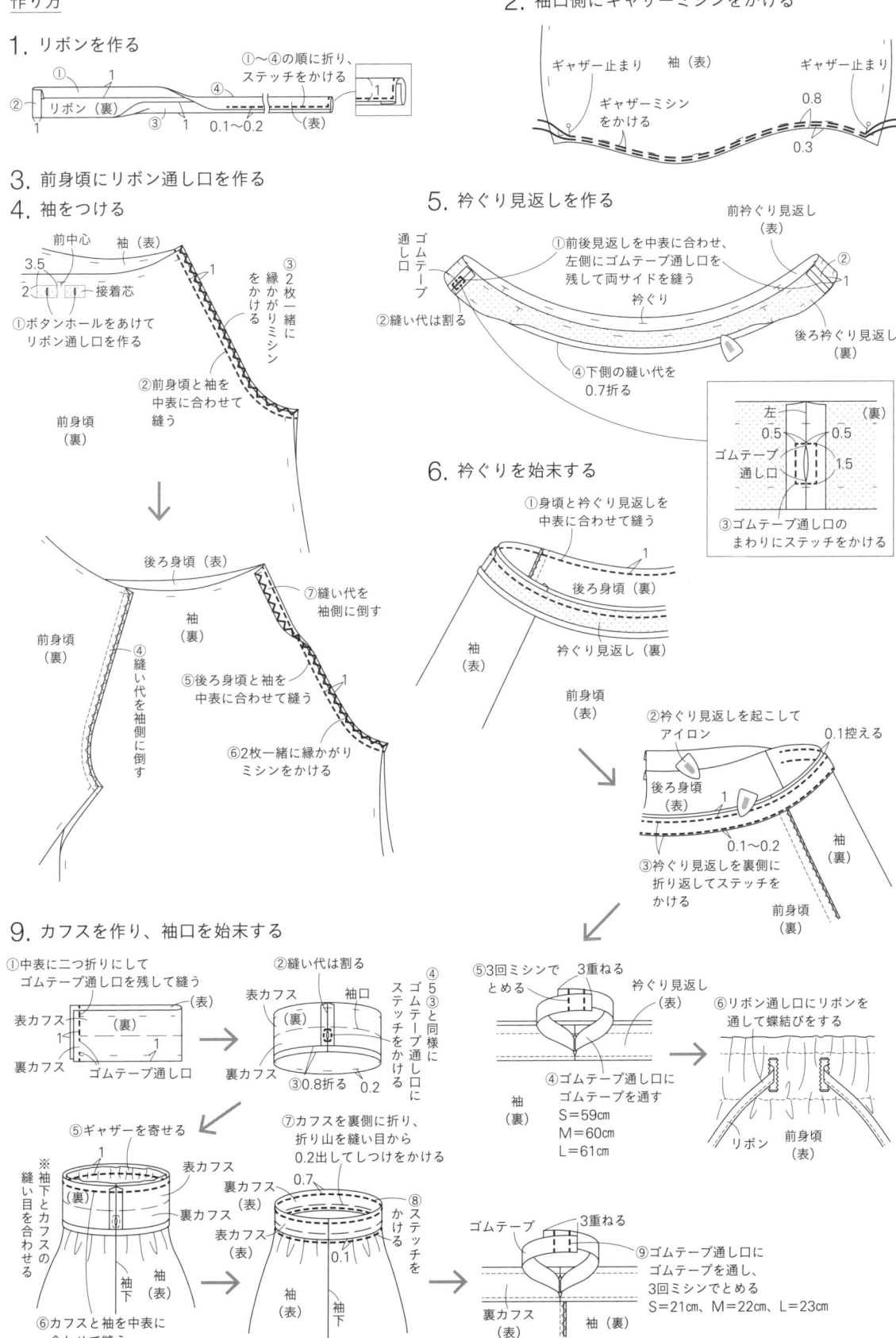

作り方

1. リボンを作る

①②③④
リボン（裏）
1 1
①〜④の順に折り、ステッチをかける
0.1〜0.2
（表）
1

2. 袖口側にギャザーミシンをかける

ギャザー止まり
袖（表）
ギャザー止まり
ギャザーミシンをかける
0.8
0.3

3. 前身頃にリボン通し口を作る
4. 袖をつける

前中心
袖（表）
3.5
2
接着芯
①ボタンホールをあけてリボン通し口を作る
1
③2枚一緒に縁かがりミシンをかける
②前身頃と袖を中表に合わせて縫う
前身頃（裏）

後ろ身頃（表）
袖（裏）
⑦縫い代を袖側に倒す
前身頃（裏）
④縫い代を袖側に倒す
⑤後ろ身頃と袖を中表に合わせて縫う
1
⑥2枚一緒に縁かがりミシンをかける

5. 衿ぐり見返しを作る

ゴムテープ通し口
ゴムテープ
前衿ぐり見返し（表）
①前後見返しを中表に合わせ、左側にゴムテープ通し口を残して両サイドを縫う
②
衿ぐり
1
後ろ衿ぐり見返し（裏）
②縫い代は割る
④下側の縫い代を0.7折る

左
（裏）
0.5 0.5
ゴムテープ通し口
1.5
③ゴムテープ通し口のまわりにステッチをかける

6. 衿ぐりを始末する

①身頃と衿ぐり見返しを中表に合わせて縫う
1
後ろ身頃（裏）
衿ぐり見返し（裏）
袖（表）
前身頃（表）

②衿ぐり見返しを起こしてアイロン
0.1控える
後ろ身頃（表）
1
0.1〜0.2
③衿ぐり見返しを裏側に折り返してステッチをかける
袖（裏）
前身頃（裏）

9. カフスを作り、袖口を始末する

①中表に二つ折りにしてゴムテープ通し口を残して縫う
（表）
表カフス
（裏）
1 1
裏カフス
ゴムテープ通し口

②縫い代は割る
表カフス
袖口
（裏）
裏カフス（表）
③0.8折る
0.2
④⑤③と同様にゴムテープ通し口にステッチをかける

⑤ギャザーを寄せる
1
表カフス
（裏）
裏カフス（表）
裏カフス（表）
※袖下とカフスの縫い目を合わせる
袖下
袖（表）
⑥カフスと袖を中表に合わせて縫う

⑦カフスを裏側に折り、折り山を縫い目から0.2出してしつけをかける
0.7
裏カフス（表）
表カフス（表）
⑧ステッチをかける
0.1
袖（表）
袖下

⑤3回ミシンでとめる
3重ねる
衿ぐり見返し（表）
④ゴムテープ通し口にゴムテープを通す
S＝59cm
M＝60cm
L＝61cm
袖（裏）

⑥リボン通し口にリボンを通して蝶結びをする
リボン
前身頃（表）

ゴムテープ
3重ねる
⑨ゴムテープ通し口にゴムテープを通し、3回ミシンでとめる
S＝21cm、M＝22cm、L＝23cm
裏カフス（表）
袖（裏）

H フリルワンピース

→ p.30

【実物大型紙】 D面

【でき上がり寸法】 ※左からS／M／Lサイズ
バスト…97／101／106cm
着丈…119.5／122／124.5cm
袖丈…29.5／30／30.5cm
肩幅…37／38.5／40.5cm

【材料】 ※左からS／M／Lサイズ
表布…リバティプリント Hedgerow Ramble
　　（24AU／ブルー系）108cm幅×430／430／440cm
接着芯…90×60cm
伸び止め接着テープ…1.5cm幅×170cm
56cmコンシールファスナー
スプリングホック1組

【作り方順序】

1　前後身頃のダーツを縫う
2　身頃・見返しの肩をそれぞれ縫う…身頃はp.58-1参照
3　左右衿ぐり・袖口のフリルを作る
4　前身頃を作る
5　身頃の脇を縫う…p.56-8①②参照
6　袖を作る
7　袖をつける…p.53-14参照
8　前後スカートのタックを仮どめする
9　スカートの脇を縫う…p.92-8参照
10　ポケットを作る…p.93ポケットの作り方参照
11　身頃とスカートを縫い合わせる
12　後ろ中心を縫い、コンシールファスナーをつける
13　衿ぐりから身頃にステッチをかける
14　裾を三つ折りにして縫う…でき上がり図参照
15　リボンを共布で作る
16　スプリングホックをつける

〔裁ち合わせ図〕
※縫い代は指定以外1cm
※░░ は裏に接着芯を貼る
※▨▨ は裏に伸び止め接着テープを貼る
※〜〜〜 は縁かがりミシンをかける
※数字は上からS／M／Lサイズ（指定以外は全サイズ共通）

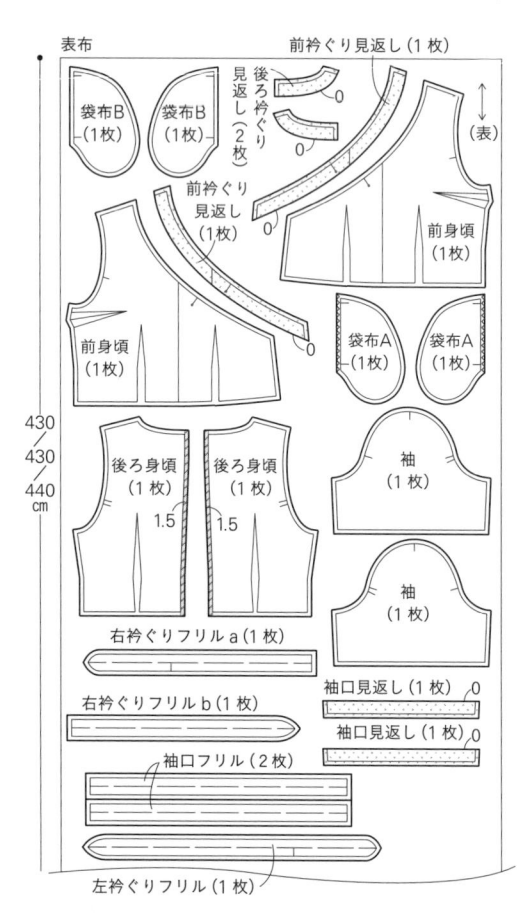

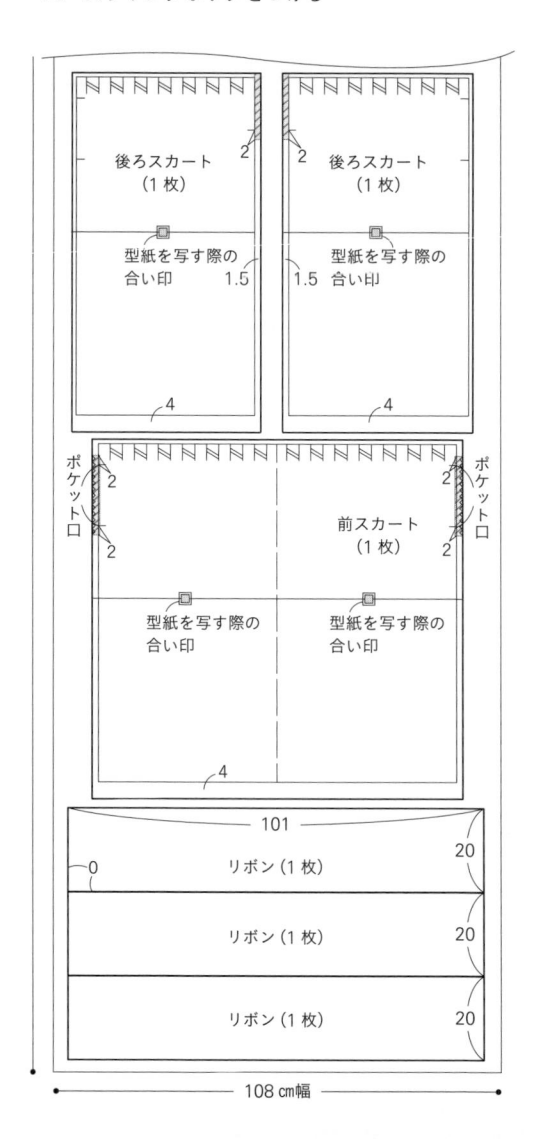

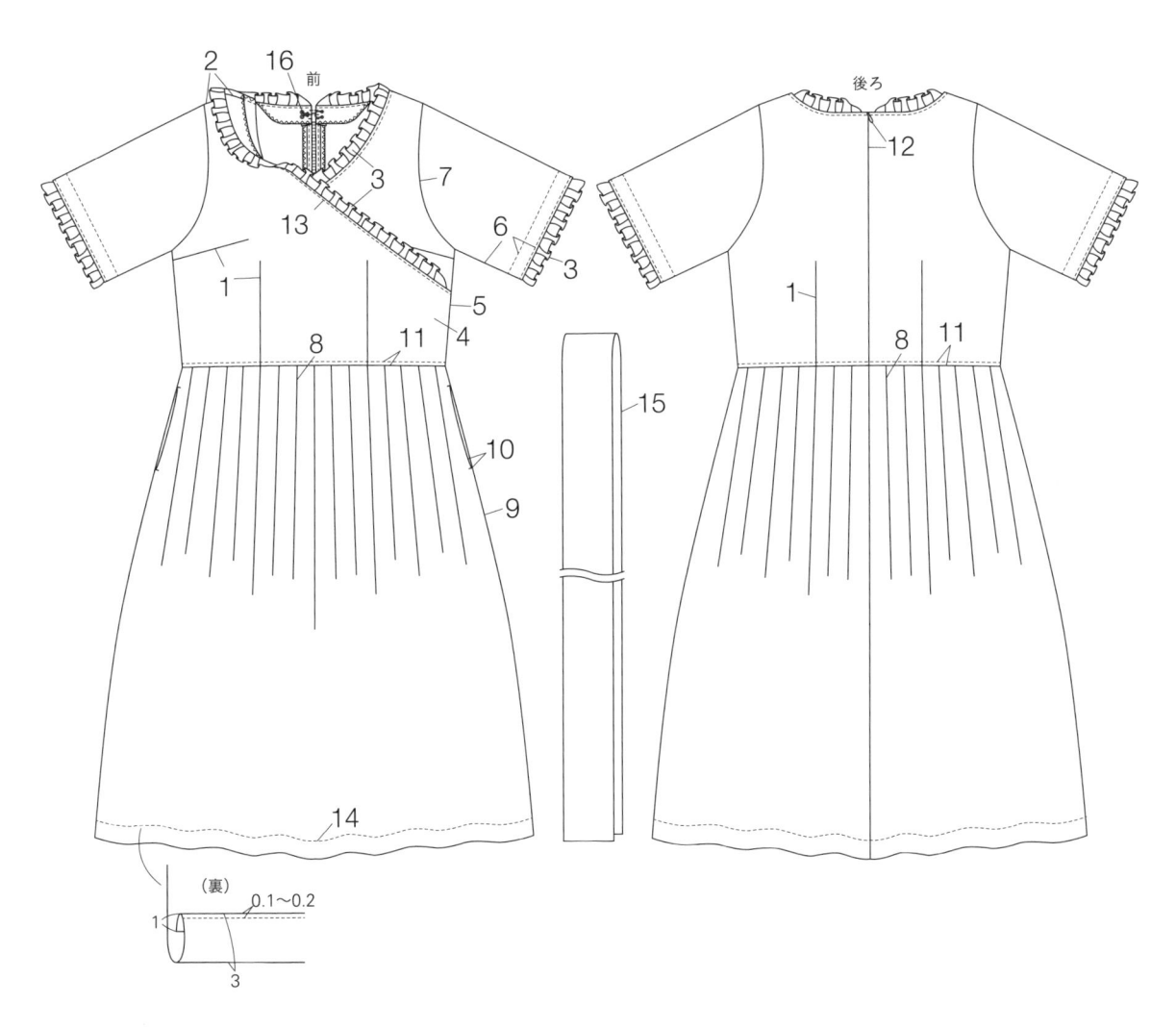

〈裏〉 0.1〜0.2
1
3

作り方

1. 前後身頃のダーツを縫う
※矢印はダーツを倒す方向

〈後ろ身頃〉

2. 身頃・見返しの肩をそれぞれ縫う
※身頃の縫い方は p.58-1 参照

〈見返し〉

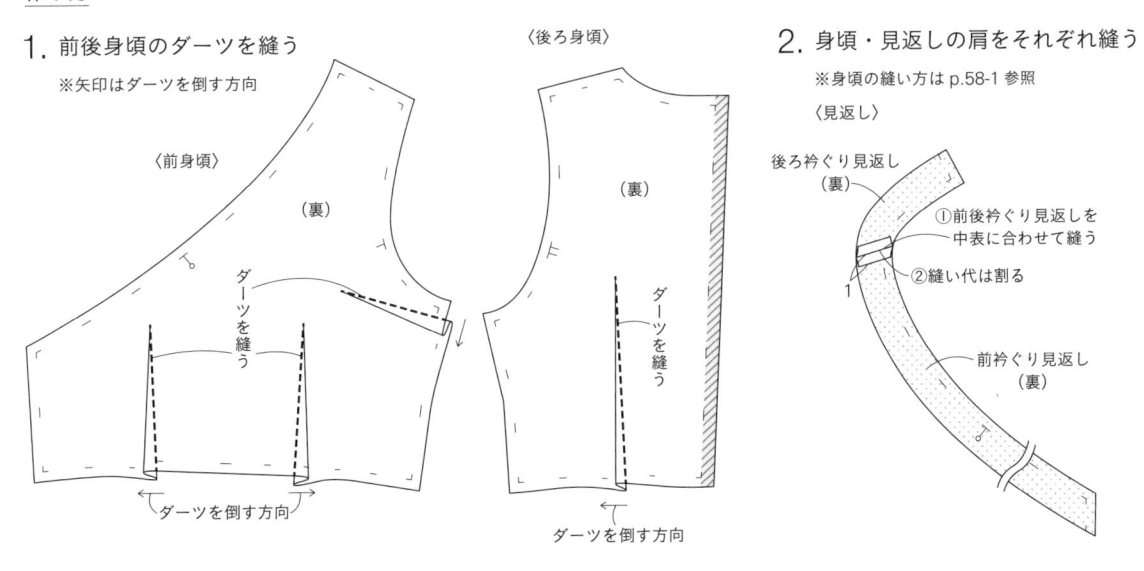

〈前身頃〉

（裏）

ダーツを縫う

←ダーツを倒す方向→

（裏）

ダーツを縫う

←ダーツを倒す方向

後ろ衿ぐり見返し
（裏）

①前後衿ぐり見返しを
　中表に合わせて縫う

②縫い代は割る

前衿ぐり見返し
（裏）

3. 左右衿ぐり・袖口のフリルを作る

〈右衿ぐりフリル〉

①aとbを中表に合わせて縫い、縫い代を割る

0.3 0.8

後ろ　②外表に二つ折りにしてギャザーミシンをかける　a　b　前

右衿ぐりフリル（裏）
右衿ぐりフリル（表）

a　③ギャザーを寄せる　b　右衿ぐりフリル（表）
※左衿ぐりフリルは一枚布で同じ要領で作る

〈袖口フリル〉

①中表に合わせて縫う

1　（裏）

②縫い代は割る　袖口フリル（表）

袖口フリル（表）　0.3 0.8

③外表に二つ折りにしてギャザーミシンをかける

袖口フリル（表）　④ギャザーを寄せる

4. 前身頃を作る

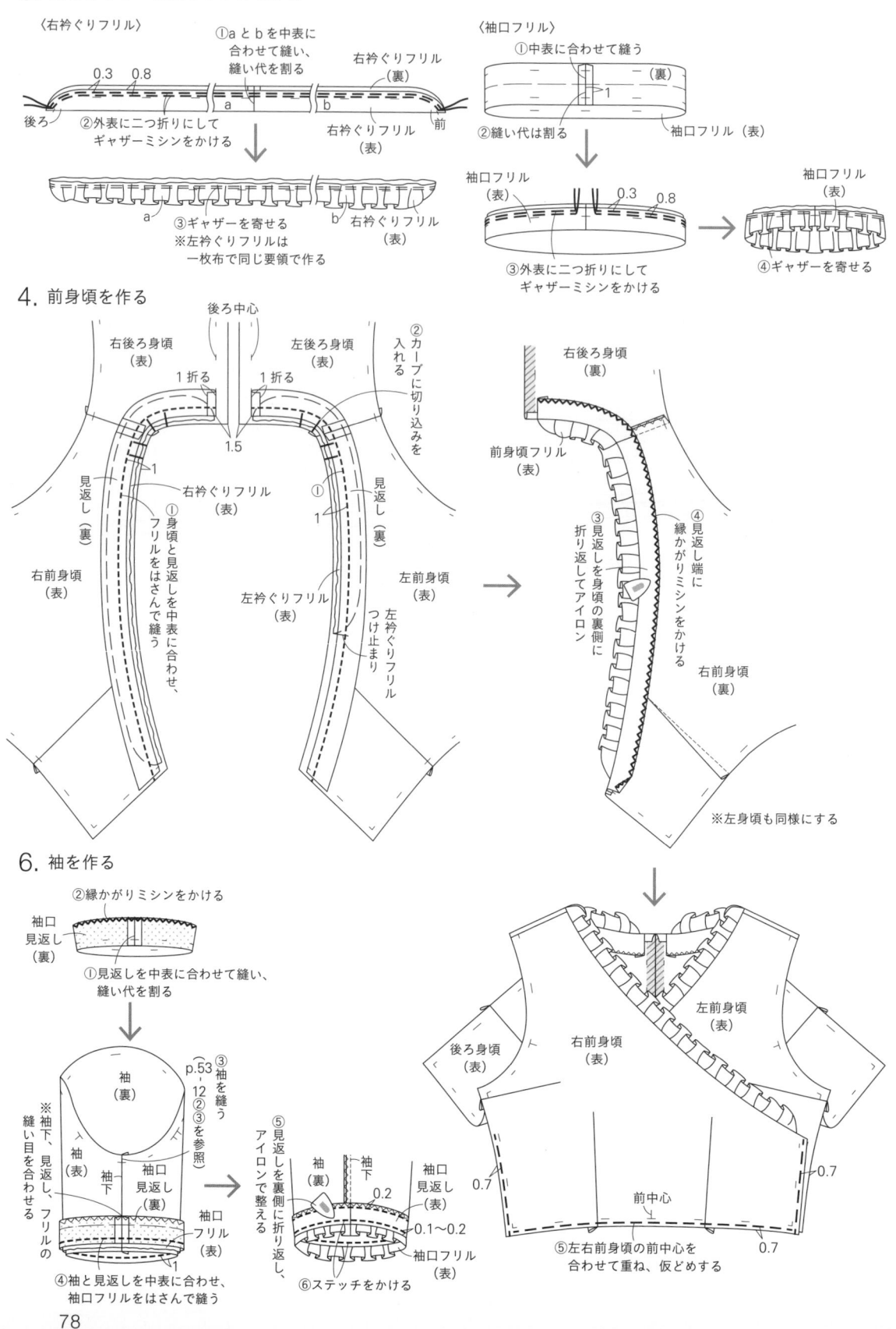

後ろ中心

右後ろ身頃（表）　左後ろ身頃（表）

②カーブに切り込みを入れる

1折る　1折る

1.5

見返し（裏）　1

右衿ぐりフリル（表）

右前身頃（表）

①身頃と見返しを中表に合わせ、フリルをはさんで縫う

①

左衿ぐりフリル（表）　左衿ぐりフリルつけ止まり

見返し（裏）　1

左前身頃（表）

右後ろ身頃（裏）

前身頃フリル（表）

③見返しを身頃の裏側に折り返してアイロン

④見返し端に縁かがりミシンをかける

右前身頃（裏）

※左身頃も同様にする

6. 袖を作る

②縁かがりミシンをかける

袖口見返し（裏）

①見返しを中表に合わせて縫い、縫い代を割る

袖（裏）

p.53 -12 ②③を参照　③袖を縫う

※袖下、見返しの縫い目を合わせる

袖（表）　袖下　袖口見返し（裏）

袖口フリル（表）　1

④袖と見返しを中表に合わせ、袖口フリルをはさんで縫う

⑤見返しを裏側に折り返し、アイロンで整える

袖（裏）　袖下　0.2　袖口見返し（裏）

0.1〜0.2　袖口フリル（表）

⑥ステッチをかける

後ろ身頃（表）　右前身頃（表）　左前身頃（表）

0.7　0.7

前中心　0.7

⑤左右前身頃の前中心を合わせて重ね、仮どめする

78

8. 前後スカートのタックを仮どめする

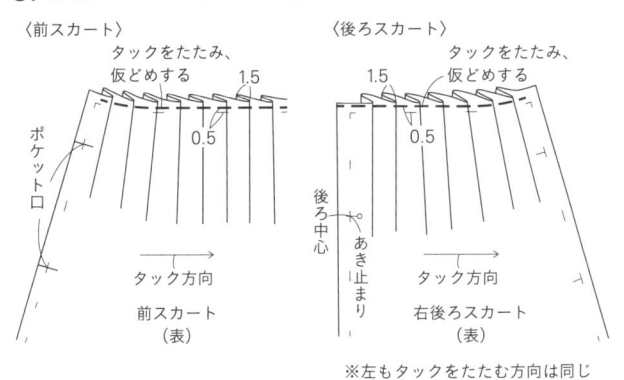

〈前スカート〉
タックをたたみ、仮どめする
1.5
0.5
ポケット口
タック方向
前スカート（表）

〈後ろスカート〉
タックをたたみ、仮どめする
1.5
0.5
後ろ中心
あき止まり
タック方向
右後ろスカート（表）
※左もタックをたたむ方向は同じ

11. 身頃とスカートを縫い合わせる

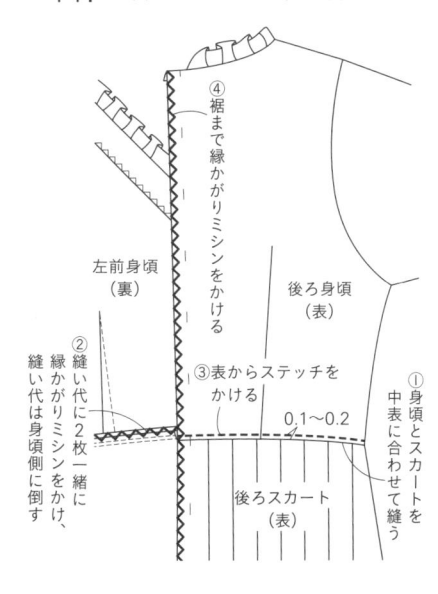

④裾まで縁かがりミシンをかける
左前身頃（裏）
後ろ身頃（表）
②縫い代に2枚一緒に縁かがりミシンをかけ、縫い代は身頃側に倒す
③表からステッチをかける
0.1〜0.2
①身頃とスカートを中表に合わせて縫う
後ろスカート（表）

12. 後ろ中心を縫い、コンシールファスナーをつける

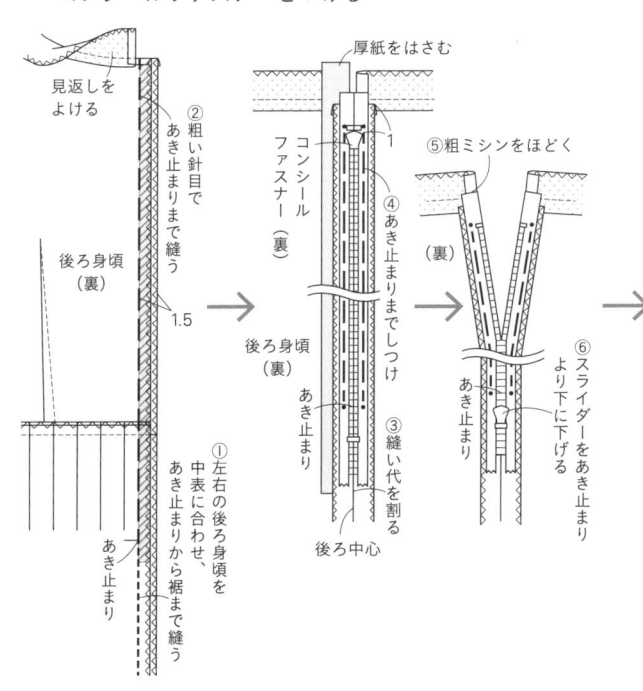

見返しをよける
②粗い針目であき止まりまで縫う
1.5
後ろ身頃（裏）
①左右の後ろ身頃を中表に合わせ、あき止まりから裾まで縫う
あき止まり

厚紙をはさむ
コンシールファスナー（裏）
後ろ身頃（裏）
1
④あき止まりまでしつけ
あき止まり
③縫い代を割る
後ろ中心

⑤粗ミシンをほどく
あき止まり
⑥スライダーをあき止まりより下に下げる

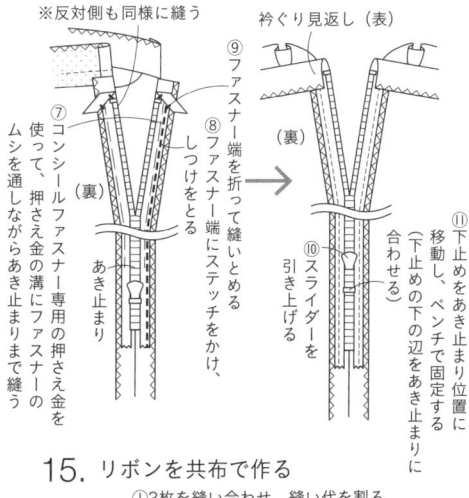

※反対側も同様に縫う
⑦コンシールファスナー専用の押さえ金を使って、押さえ金の溝にファスナーのムシを通しながらあき止まりまで縫う
あき止まり
⑨ファスナー端を折って縫いとめる
⑧ファスナー端にステッチをかけ、しつけをとる

衿ぐり見返し（表）
（裏）
⑪下止めをあき止まり位置に移動し、ペンチで固定する（下止めの下の辺をあき止まりに合わせる）
⑩スライダーを引き上げる

13. 衿ぐりから身頃にステッチをかける

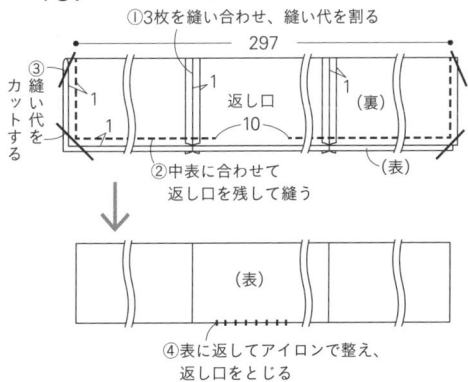

②見返しを身頃の肩の縫い代にまつる
（裏）
肩

①ファスナーにまつりつける
③衿ぐりから身頃に表からステッチをかける
0.1〜0.2
右前身頃（表）
脇の縫い目手前までステッチをかける
※左前身頃も同様にする

15. リボンを共布で作る

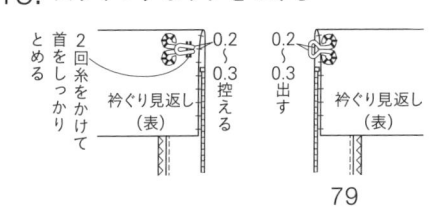

①3枚を縫い合わせ、縫い代を割る
297
③縫い代をカットする
1
返し口
（裏）
1
1
（裏）
（表）
②中表に合わせて返し口を残して縫う
10

（表）

④表に返してアイロンで整え、返し口をとじる

16. スプリングホックをつける

2回糸をかけて首をしっかりとめる
0.2〜0.3控える
衿ぐり見返し（表）

0.2〜0.3出す
衿ぐり見返し（表）

J ノーカラージャケット

→ p.20, 22

【実物大型紙】 B面

【でき上がり寸法】 ※左からS／M／Lサイズ
バスト…119／122.5／128cm
着丈…58.5／60／61.5cm
袖丈…45.5／46／46.2cm
肩幅…54.5／56.5／58.5cm

【材料】 ※左からS／M／Lサイズ
表布…J-1　C&SナチュラルコットンHOLIDAY
　　　　　（ミリタリーカーキ）
　　　　　110cm幅×210／210／220cm
　　　　J-2　ツイードクチュールシック（ネイビー）
　　　　　145cm幅×130／130／130cm
メートライン（J-2のみ）…2.2cm幅390cm

【作り方順序】

1　肩を縫う…p.58-1参照
2　袖をつける
3　袖下から脇を縫う
4　袖口を袖口用バイアス布で始末する…p.59-7参照
5　身頃用バイアス布をはぎ合わせる
6　裾～前端～衿ぐりを身頃用バイアス布で始末する

〔裁ち合わせ図〕
※縫い代は指定以外 1 cm
※数字は上から S ／ M ／ L サイズ
　（指定以外は全サイズ共通）

J-1　表布

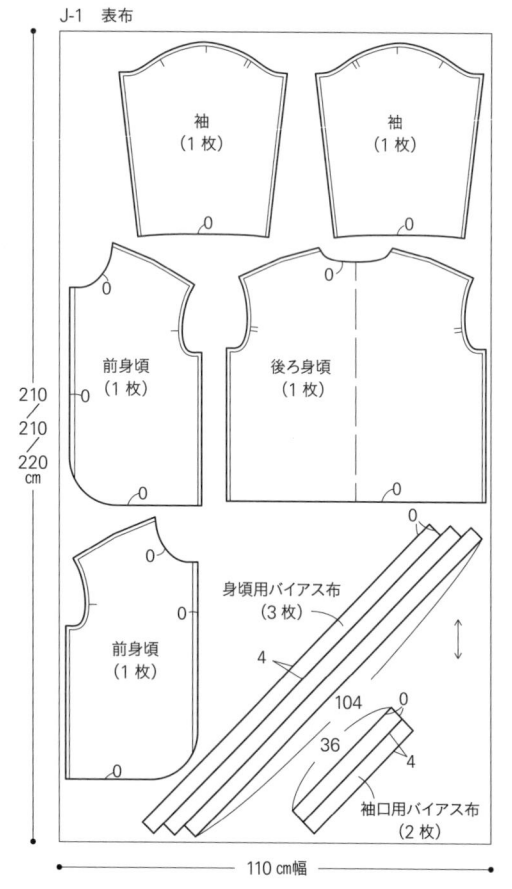

J-2　表布

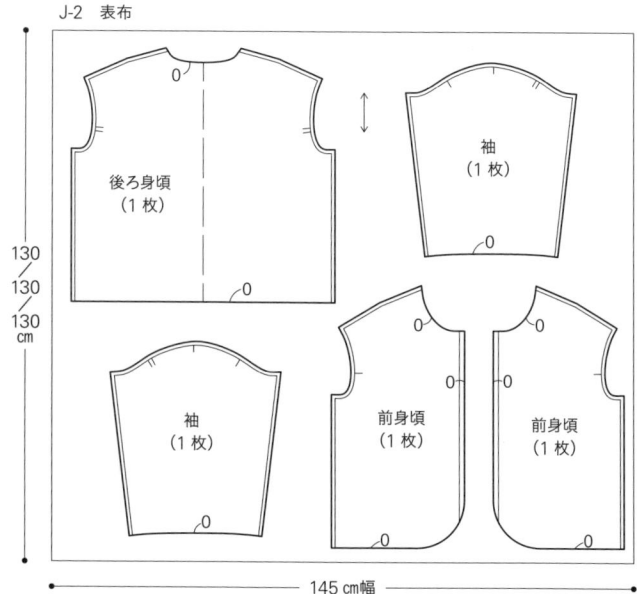

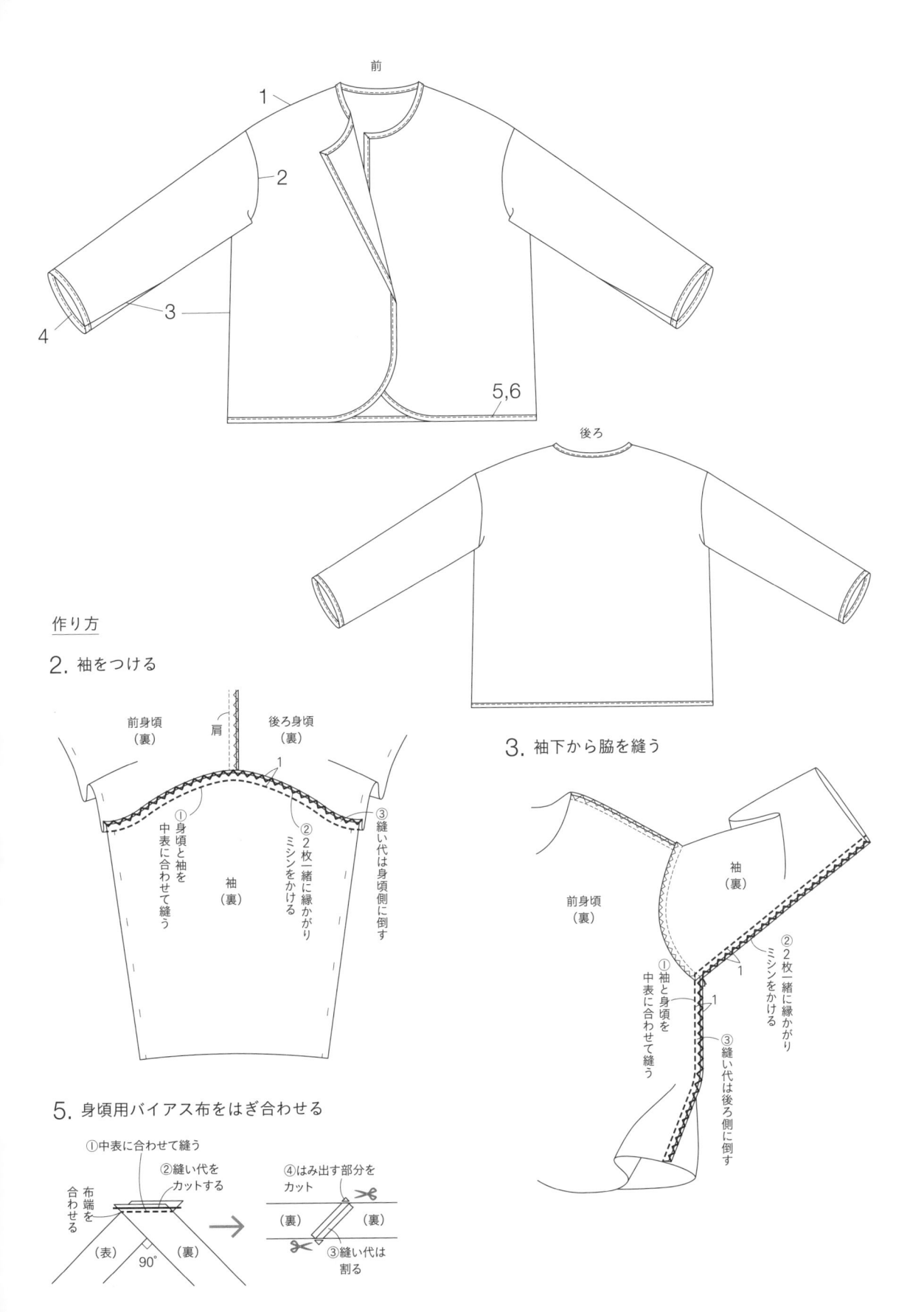

前

後ろ

作り方

2. 袖をつける

前身頃
（裏）

肩

後ろ身頃
（裏）

1

①身頃と袖を
中表に合わせて縫う

袖
（裏）

②2枚一緒に縁かがり
ミシンをかける

③縫い代は身頃側に倒す

3. 袖下から脇を縫う

前身頃
（裏）

袖
（裏）

①袖と身頃を
中表に合わせて縫う

1

②2枚一緒に縁かがり
ミシンをかける

1

③縫い代は後ろ側に倒す

5. 身頃用バイアス布をはぎ合わせる

①中表に合わせて縫う

②縫い代を
カットする

布端を
合わせる

（表）　90°　（裏）

④はみ出す部分を
カット

（裏）　（裏）

③縫い代は
割る

6. 裾〜前端〜衿ぐりを身頃用バイアス布で始末する

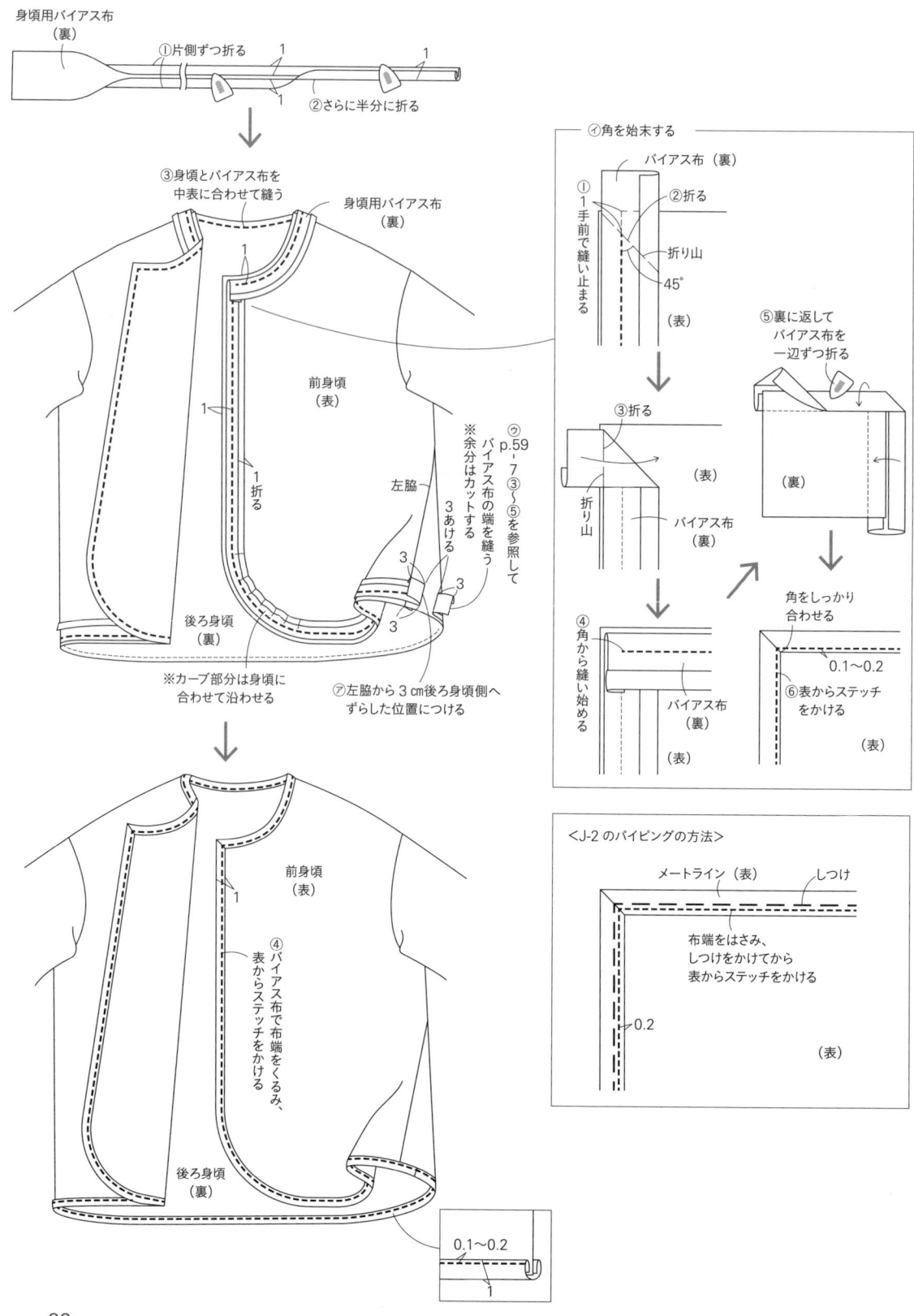

身頃用バイアス布（裏）

①片側ずつ折る

②さらに半分に折る

③身頃とバイアス布を中表に合わせて縫う

身頃用バイアス布（裏）

前身頃（表）

1折る

左脇

⑨ p.59 ⑦〜③〜⑤を参照してバイアス布の端を縫う

※余分はカットする

3あける

後ろ身頃（裏）

※カーブ部分は身頃に合わせて沿わせる

⑦左脇から3cm後ろ身頃側へずらした位置につける

⑦角を始末する

バイアス布（裏）

①1手前で縫い止まる

②折る

折り山

45°

（表）

③折る

折り山

（表）

バイアス布（裏）

④角から縫い始める

バイアス布（裏）

（表）

⑤裏に返してバイアス布を一辺ずつ折る

（裏）

角をしっかり合わせる

0.1〜0.2

⑥表からステッチをかける

（表）

前身頃（表）

④バイアス布で布端をくるみ、表からステッチをかける

後ろ身頃（裏）

0.1〜0.2

1

＜J-2 のパイピングの方法＞

メートライン（表）　しつけ

布端をはさみ、しつけをかけてから表からステッチをかける

0.2

（表）

K コーデュロイジャケット

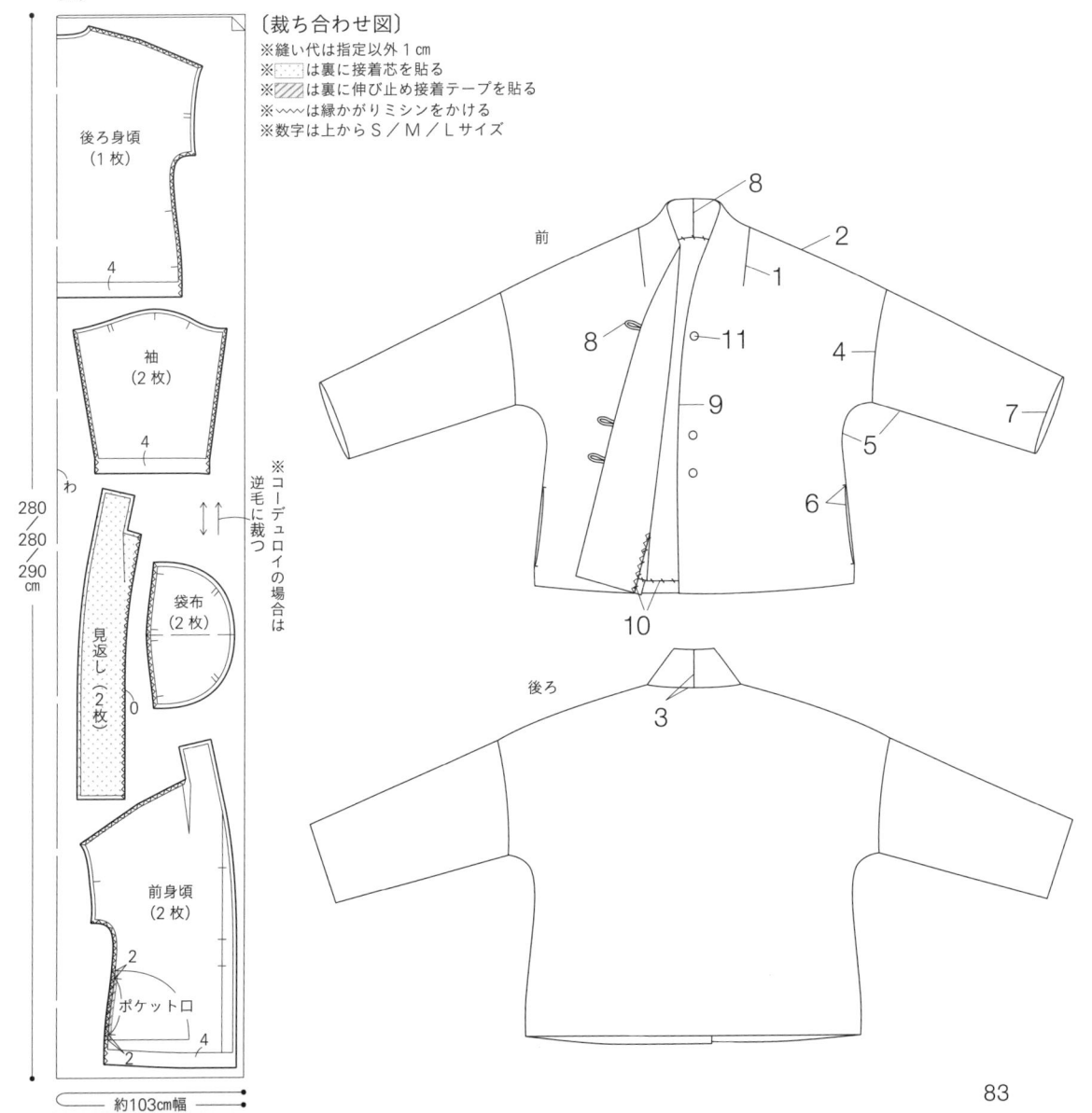

→ p.37

【実物大型紙】 C面

【でき上がり寸法】 ※左からS／M／Lサイズ
バスト…116／120／125cm
着丈…63／64.5／66cm
袖丈…38.5／39／39.5cm
肩幅…75／77／79cm

【材料】 ※左からS／M／Lサイズ
表布…C&Sフレンチコーデュロイ 太うね(カーキ)
　　　約103cm幅×280／280／290cm
接着芯…45×95cm
伸び止め接着テープ…1.5cm幅×50cm
ボタン…直径2.3cm×3個
1.2cm幅綾織テープ…長さ10cmを2本
0.3cm幅ひも(ループ用)…長さ7cm×3本

【作り方順序】
1　前身頃のダーツを縫う
2　肩を縫う
3　衿ぐりを縫う
4　袖をつける…p.59-5参照
5　袖下から脇を縫う…p.59-6参照
　　※ポケット口を残して裾まで縫う
6　ポケットを作る
7　袖口を始末する
8　見返しの後ろ中心を縫い、ループを仮どめする
9　見返しと身頃を中表に合わせ、裾、前端、衿端を縫う
10　裾・見返し奥をまつる
11　左前身頃にボタンをつける

表布

後ろ身頃
(1枚)
4

袖
(2枚)
4

わ

280
280
290
cm

見返し
(2枚)

袋布
(2枚)

※逆毛に裁つ
※コーデュロイの場合は

前身頃
(2枚)

2
ポケット口
2
4

約103cm幅

〔裁ち合わせ図〕
※縫い代は指定以外1cm
※▨は裏に接着芯を貼る
※▨は裏に伸び止め接着テープを貼る
※〜〜〜は縁かがりミシンをかける
※数字は上からS／M／Lサイズ

前

8

2
1

8

11

4

9

7

5

6

10

後ろ

3

作り方

1. 前身頃のダーツを縫う

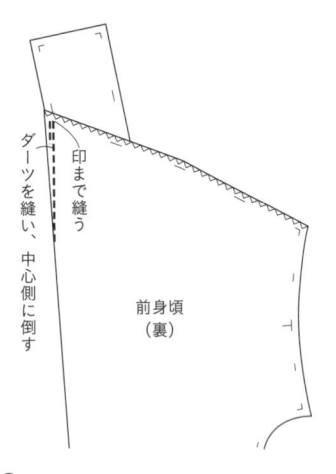

ダーツを縫い、中心側に倒す
印まで縫う
前身頃（裏）

2. 肩を縫う

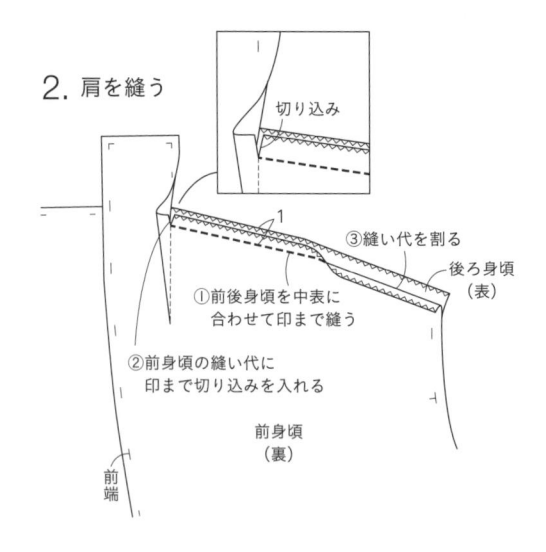

切り込み
1
③縫い代を割る
後ろ身頃（表）
①前後身頃を中表に合わせて印まで縫う
②前身頃の縫い代に印まで切り込みを入れる
前端
前身頃（裏）

3. 衿ぐりを縫う

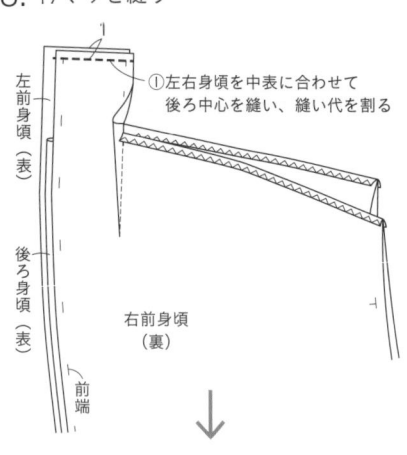

1
①左右身頃を中表に合わせて後ろ中心を縫い、縫い代を割る
左前身頃（表）
後ろ身頃（表）
右前身頃（裏）
前端

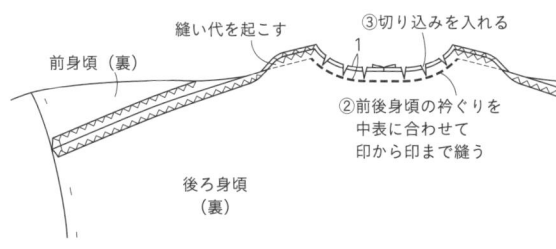

縫い代を起こす
③切り込みを入れる
前身頃（裏）
1
②前後身頃の衿ぐりを中表に合わせて印から印まで縫う
後ろ身頃（裏）

6. ポケットを作る

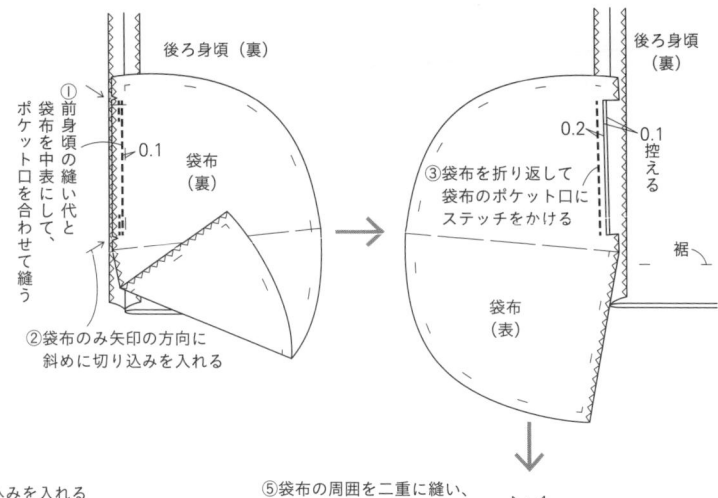

後ろ身頃（裏）
①前身頃の縫い代と袋布を中表にして、ポケット口を合わせて縫う
0.1
袋布（裏）
②袋布のみ矢印の方向に斜めに切り込みを入れる

後ろ身頃（裏）
0.2
0.1控える
③袋布を折り返して袋布のポケット口にステッチをかける
裾
袋布（表）

⑤袋布の周囲を二重に縫い、縁かがりミシンをかける ※身頃はよける
1
0.5
1
1.5折る
⑥吊りひも（各10cm）を袋布に縫いつける
袋布（裏）
0.1
裾
前身頃（裏）

④袋布を中表に二つ折りにして後ろ身頃の縫い代に袋布をまち針でとめ、身頃側からポケット口を縫う

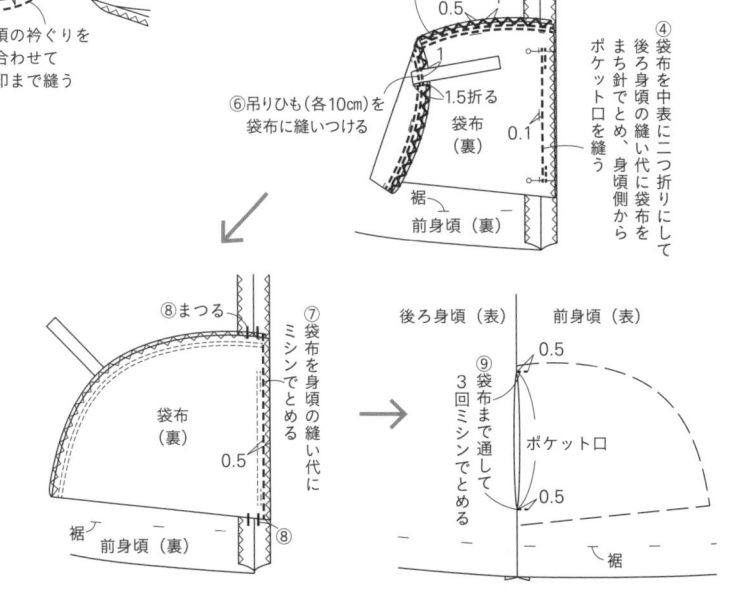

⑧まつる
⑦袋布を身頃の縫い代にミシンでとめる
袋布（裏）
0.5
裾
前身頃（裏）
⑧

後ろ身頃（表）　前身頃（表）
0.5
⑨袋布まで通して3回ミシンでとめる
ポケット口
0.5
裾

7. 袖口を始末する

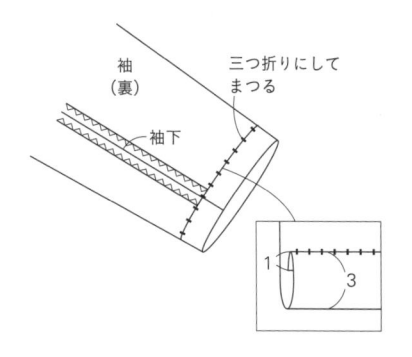

袖（裏）
三つ折りにしてまつる
袖下
1
3

8. 見返しの後ろ中心を縫い、ループを仮どめする

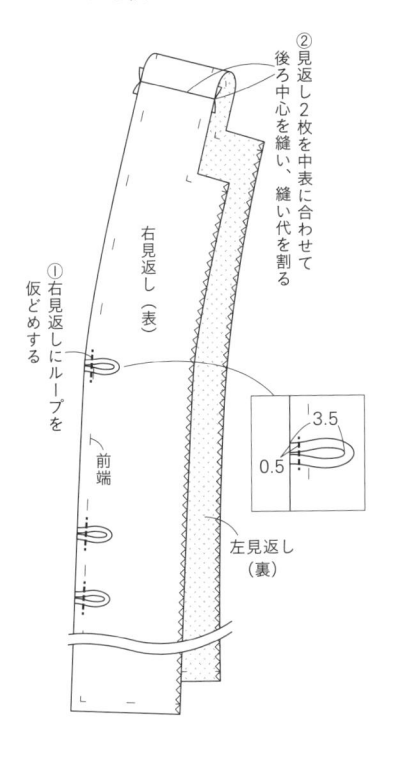

②見返し2枚を中表に合わせて後ろ中心を縫い、縫い代を割る

右見返し（表）

①右見返しにループを仮どめする

前端

左見返し（裏）

3.5
0.5

9. 見返しと身頃を中表に合わせ、裾、前端、衿端を縫う

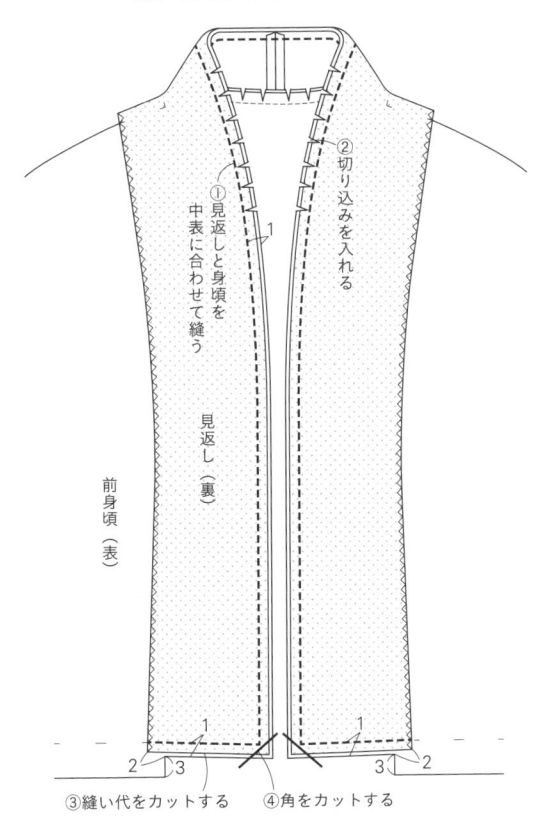

②切り込みを入れる

①見返しと身頃を中表に合わせて縫う

見返し（裏）

前身頃（表）

2　3　1　1　3　2

③縫い代をカットする　④角をカットする

10. 裾・見返し奥をまつる

⑤角の縫い代に切り込みを入れる

⑥縫い代を折ってまつる

見返し（表）

④

肩

後ろ中心

後ろ身頃（裏）

肩

見返し（表）

④見返し奥をまつる

前身頃（裏）

②見返しの裏に吊りひもを縫いつける

0.5
1.5

袋布（裏）

①見返しを表に返してアイロン

③裾を三つ折りにしてまつる

1　3

11. 左前身頃にボタンをつける

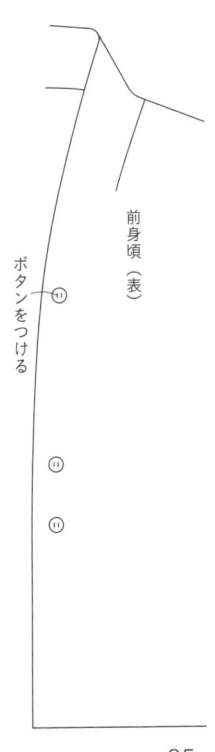

前身頃（表）

ボタンをつける

コーデュロイパンツ → p.36

【実物大型紙】 C面

【でき上がり寸法】 ※左からS／M／Lサイズ
ウエスト…102／106／111cm（ゴムを通す前）
股上…33.7／34.2／35.2cm
股下…60.5／61.5／62.5cm

【材料】 ※左からS／M／Lサイズ
表布…C&Sフレンチコーデュロイ 太うね（カーキ）
　　　約103cm幅×220／230／240cm
別布…55×30cm
伸び止め接着テープ…1.5cm幅×50cm
ゴムテープ…3cm幅×63／68／73cm

【作り方順序】
1　後ろポケットを作り、右後ろパンツにつける
2　前パンツに袋布をつけ、前上布を縫い合わせる
3　脇を縫う…p.89-1〈右脇〉参照 ※ポケット口はなし
4　股下を縫う…p.89-3参照
5　裾表見返しを作り、つける
6　股上を縫う…p.89-5参照
7　ウエストベルトを作り、つける
8　ウエストにゴムテープを通す…p.89-7参照

〔裁ち合わせ図〕
※縫い代は指定以外1cm
※////は裏に伸び止め接着テープを貼る
※〜〜〜は縁かがりミシンをかける
※数字は上からS／M／Lサイズ（指定以外は全サイズ共通）

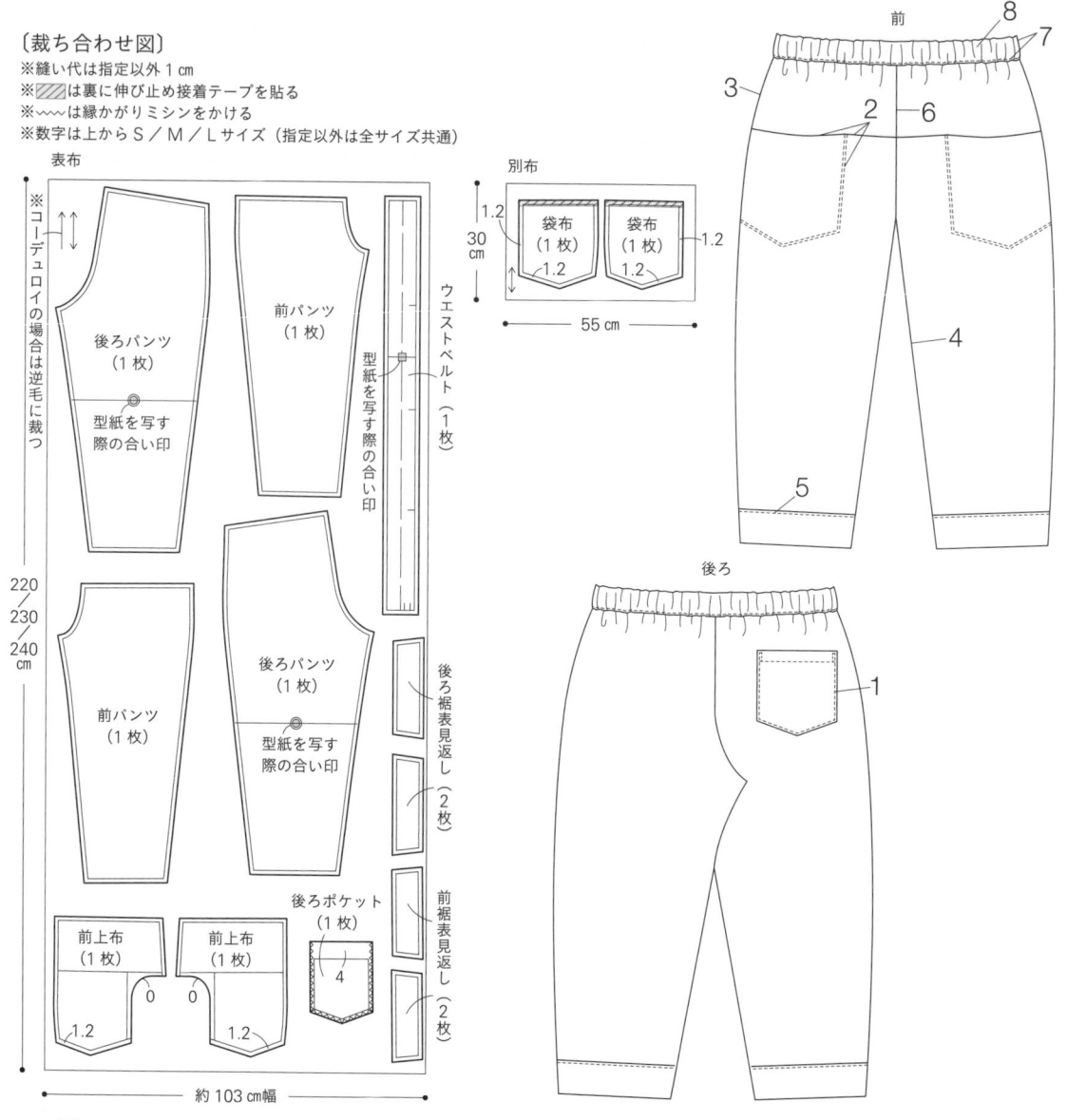

作り方

1. 後ろポケットを作り、右後ろパンツにつける

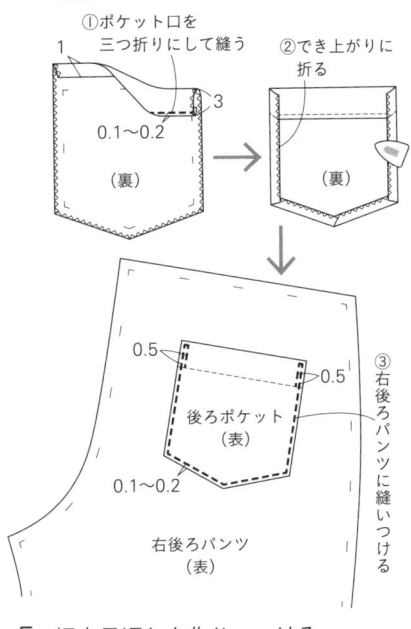

①ポケット口を三つ折りにして縫う
1
0.1～0.2
3
（裏）

②でき上がりに折る
（裏）

0.5
0.5
0.1～0.2
後ろポケット（表）

③右後ろパンツに縫いつける

右後ろパンツ（表）

2. 前パンツに袋布をつけ、前上布を縫い合わせる

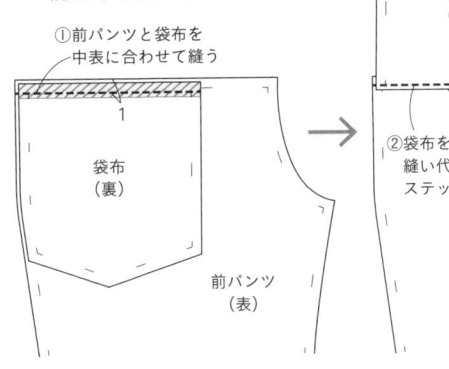

①前パンツと袋布を中表に合わせて縫う
1
袋布（裏）
前パンツ（表）

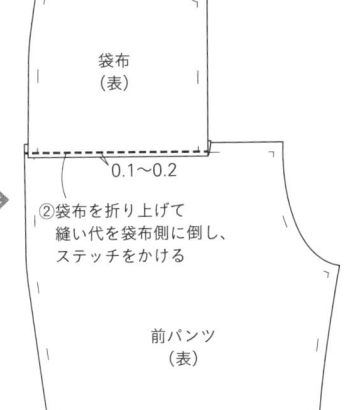

0.1～0.2
②袋布を折り上げて縫い代を袋布側に倒し、ステッチをかける
袋布（表）
前パンツ（表）

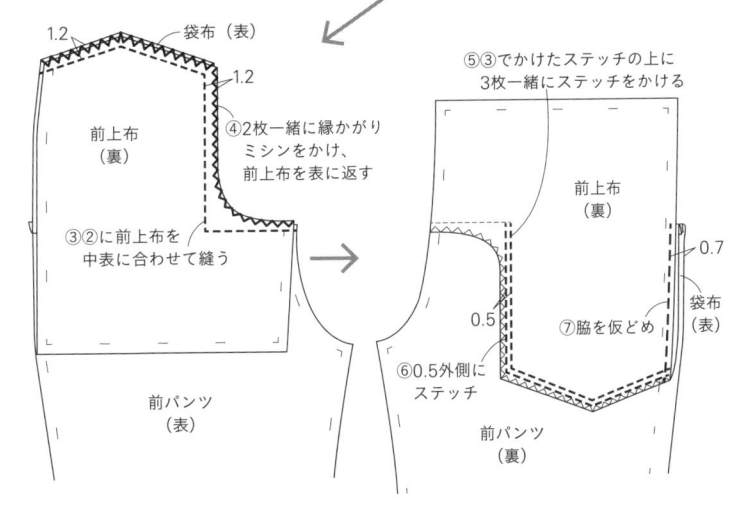

1.2
袋布（表）
1.2
前上布（裏）
④2枚一緒に縁かがりミシンをかけ、前上布を表に返す
③②に前上布を中表に合わせて縫う
前パンツ（表）

⑤③でかけたステッチの上に3枚一緒にステッチをかける
前上布（裏）
0.7
⑦脇を仮どめ
袋布（表）
0.5
⑥0.5外側にステッチ
前パンツ（裏）

5. 裾表見返しを作り、つける

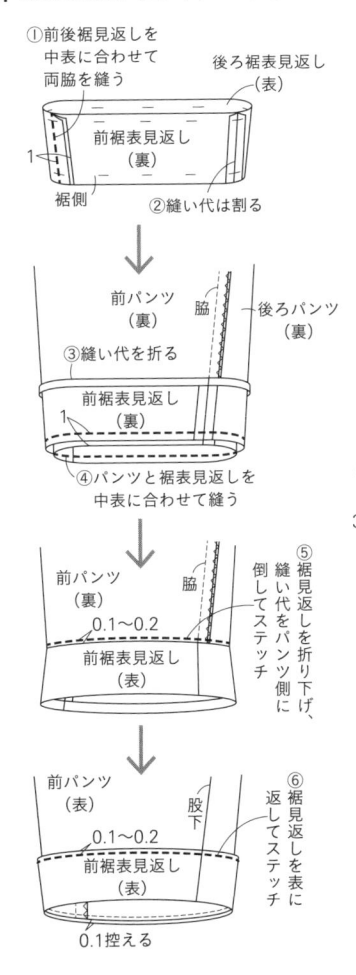

①前後裾見返しを中表に合わせて両脇を縫う
後ろ裾表見返し（表）
前裾表見返し（裏）
1
裾側
②縫い代は割る

前パンツ（裏）
脇
後ろパンツ（裏）
③縫い代を折る
前裾表見返し（裏）
1
④パンツと裾見返しを中表に合わせて縫う

前パンツ（裏）
脇
⑤裾見返しを折り下げ、縫い代をパンツ側に倒してステッチ
0.1～0.2
前裾表見返し（表）

前パンツ（表）
股下
0.1～0.2
前裾表見返し（表）
⑥裾見返しを表に返してステッチ
0.1控える

7. ウエストベルトを作り、つける

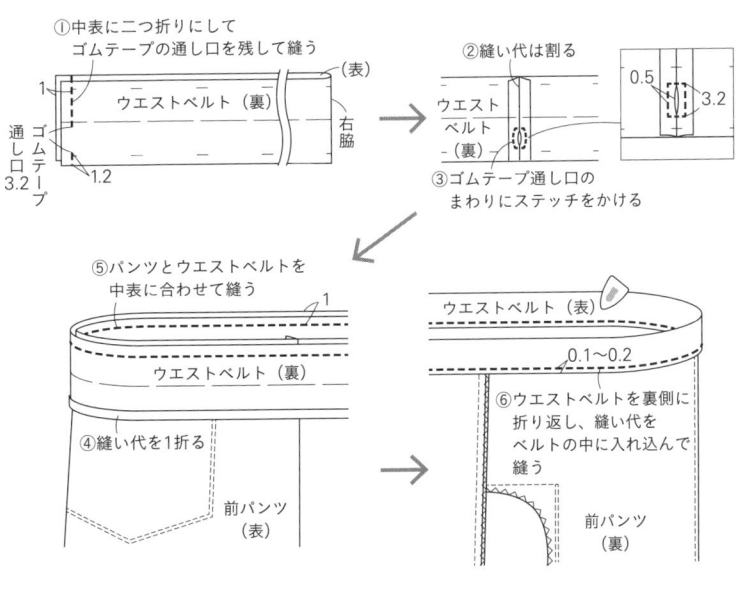

①中表に二つ折りにしてゴムテープの通し口を残して縫う
1
ウエストベルト（裏）
（表）
右脇
通し口
ゴムテープ
3.2
1.2

②縫い代は割る
ウエストベルト（裏）
③ゴムテープ通し口のまわりにステッチをかける
0.5
3.2

⑤パンツとウエストベルトを中表に合わせて縫う
1
ウエストベルト（裏）
④縫い代を1折る
前パンツ（表）

ウエストベルト（表）
0.1～0.2
⑥ウエストベルトを裏側に折り返し、縫い代をベルトの中に入れ込んで縫う
前パンツ（裏）

M マリンパンツ

→ p.19

【実物大型紙】 C面

【でき上がり寸法】 ※左からS／M／Lサイズ
ウエスト…99／102.5／108cm（ゴムを通す前）
股上…33／33.5／34cm
股下…63／64／65cm

【材料】 ※左からS／M／Lサイズ
表布…幅広ワッシャーライトチノクロス（ネイビー）
　　　145cm幅×210／220／220cm
伸び止め接着テープ…1.5cm幅×50cm
ゴムテープ…3cm幅×63／68／73cm

【作り方順序】
1　脇を縫う
2　ポケットを作る…p.93ポケットの作り方参照
3　股下を縫う
4　裾見返しを作り、つける
5　股上を縫う
6　ウエストを縫う
7　ウエストにゴムテープを通す

〔裁ち合わせ図〕
※縫い代は指定以外1cm
※ ///// は裏に伸び止め接着テープを貼る
※ ～～～ は縁かがりミシンをかける
※数字は上からS／M／Lサイズ

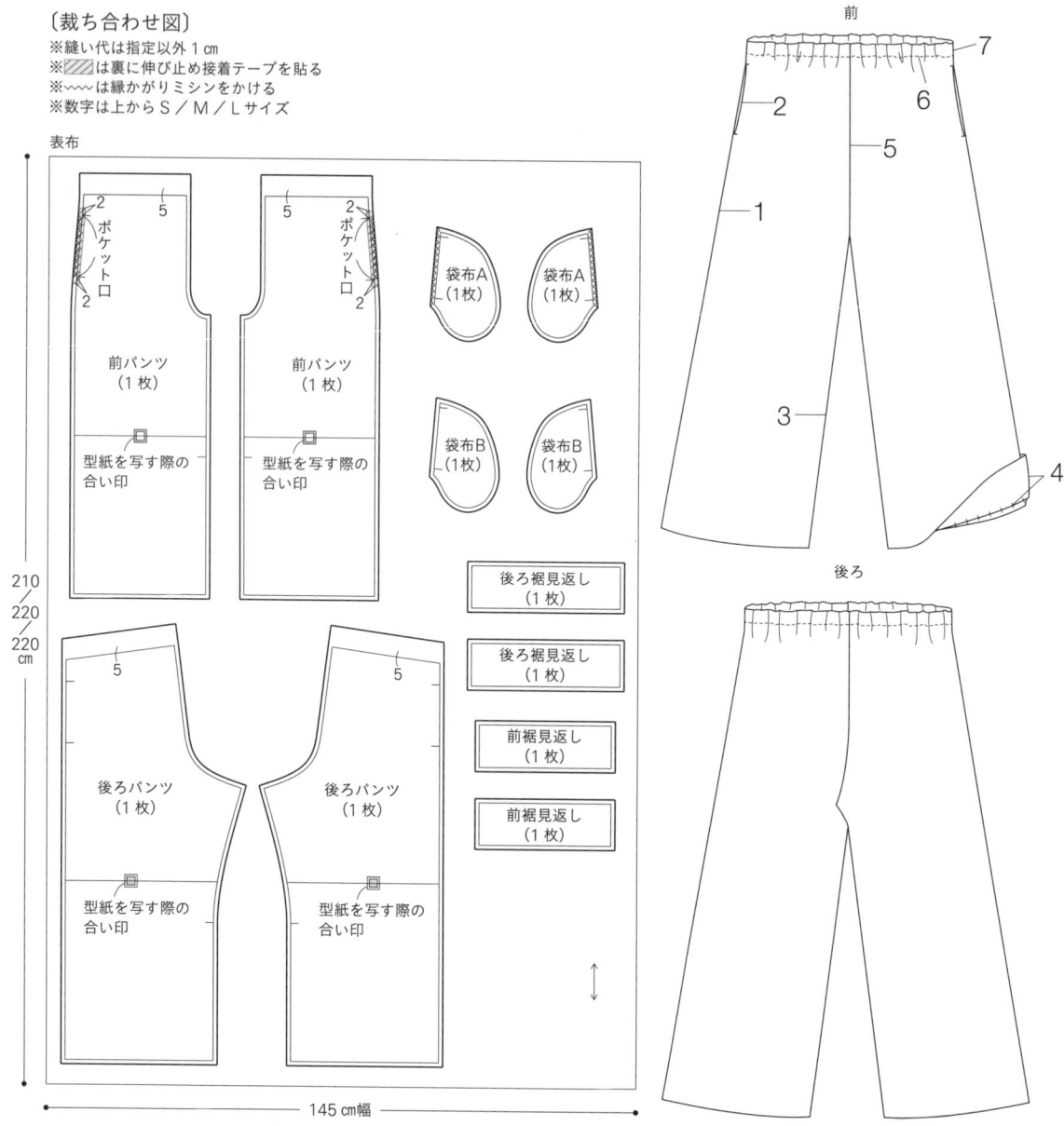

作り方

1. 脇を縫う

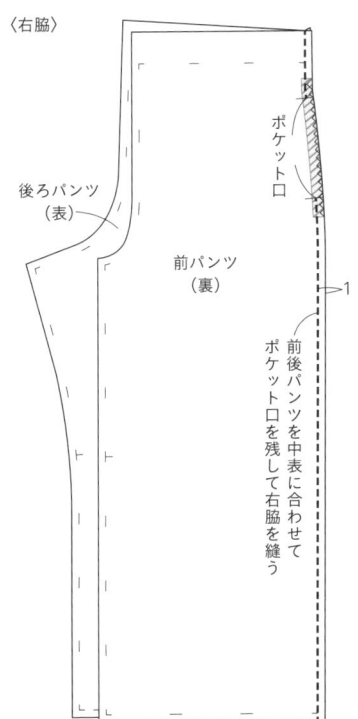

〈右脇〉

後ろパンツ（表）

前パンツ（裏）

ポケット口

1

前後パンツを中表に合わせてポケット口を残して右脇を縫う

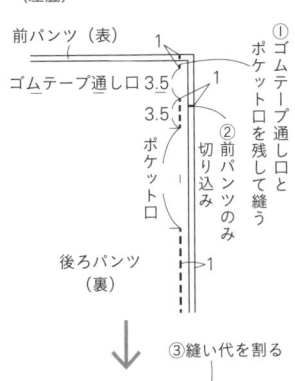

〈左脇〉

前パンツ（表） 1

ゴムテープ通し口 3.5

3.5

ポケット口

後ろパンツ（裏） 1

①ゴムテープ通し口とポケット口を残して縫う

②前パンツのみの切り込み

③縫い代を割る

④縫い代を後ろ側に倒す

後ろパンツ（裏） 前パンツ（裏）

3. 股下を縫う

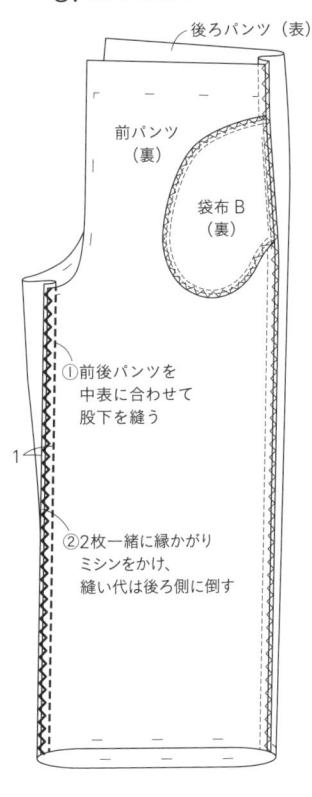

後ろパンツ（表）

前パンツ（裏）

袋布 B（裏）

①前後パンツを中表に合わせて股下を縫う

1

②2枚一緒に縁かがりミシンをかけ、縫い代は後ろ側に倒す

4. 裾見返しを作り、つける

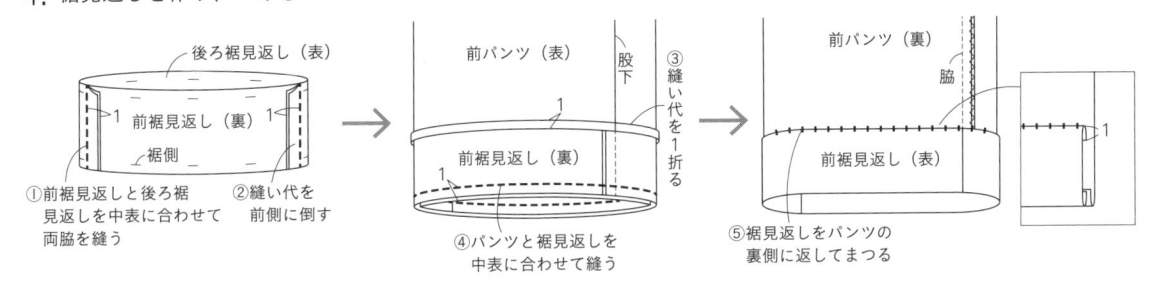

後ろ裾見返し（表）

前裾見返し（裏）

1

裾側

①前裾見返しと後ろ裾見返しを中表に合わせて両脇を縫う

②縫い代を前側に倒す

前パンツ（表） 股下

1

③縫い代を1折る

前裾見返し（裏）

1

④パンツと裾見返しを中表に合わせて縫う

前パンツ（裏） 脇

前裾見返し（表）

1

⑤裾見返しをパンツの裏側に返してまつる

5. 股上を縫う

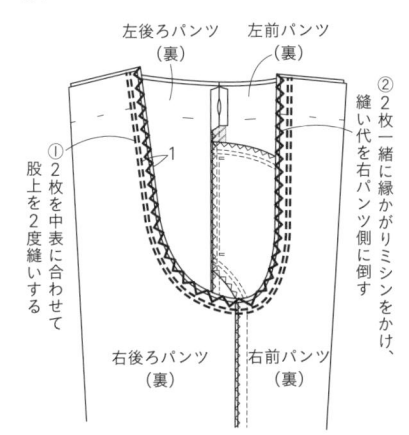

左後ろパンツ（裏） 左前パンツ（裏）

①2枚を中表に合わせて股上を2度縫いする

1

②2枚一緒に縁かがりミシンをかけ、縫い代を右パンツ側に倒す

右後ろパンツ（裏） 右前パンツ（裏）

6. ウエストを縫う

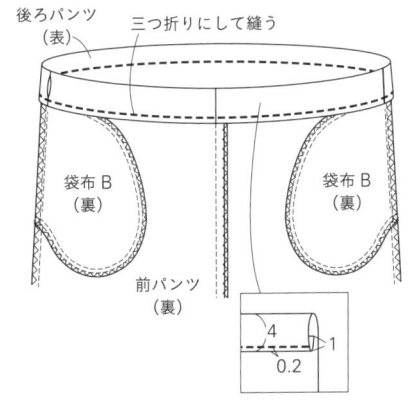

後ろパンツ（表）

三つ折りにして縫う

袋布 B（裏）

袋布 B（裏）

前パンツ（裏）

4

0.2

1

7. ウエストにゴムテープを通す

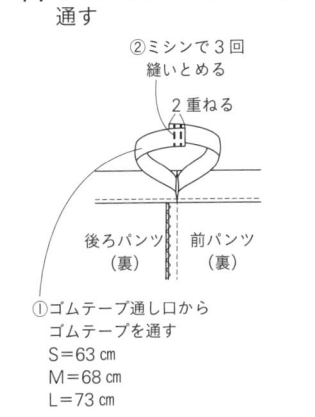

②ミシンで3回縫いとめる

2重ねる

後ろパンツ（裏） 前パンツ（裏）

①ゴムテープ通し口からゴムテープを通す
S＝63 cm
M＝68 cm
L＝73 cm

N ジャンパースカート →p.38, 40

【実物大型紙】 D面

【でき上がり寸法】 ※左からS／M／Lサイズ
バスト…100／105／110cm
着丈…115／117.5／120cm
肩幅…35／37／39cm

【材料】 ※左からS／M／Lサイズ
表布…N-1　C&Sナチュラルコットン HOLIDAY
　　　　　（ネイビーグレー）
　　　　　110cm幅×490／490／500cm
　　　N-2　C&Sフレンチコーデュロイ（ソイラテ）
　　　　　105cm幅×490／490／500cm

共通
接着芯…10×15cm
伸び止め接着テープ…1.5cm幅×50cm
ボタン…直径1cm ×1個

【作り方順序】

1　肩を縫う…p.58-1参照
2　布ループ（長さ7×1本）を作る…p.55-1参照
3　後ろあきを作る
4　衿ぐりを衿ぐり用バイアス布で始末する
5　身頃の脇を縫う
6　袖ぐりを袖ぐり用バイアス布で始末する
7　前後スカートを縫い、タックを仮どめする
8　スカートの脇を縫う
9　ポケットを作る
10　裾を三つ折りにして縫う…でき上がり図参照
11　身頃とスカートを縫い合わせる
12　左後ろ衿ぐりにボタンをつける

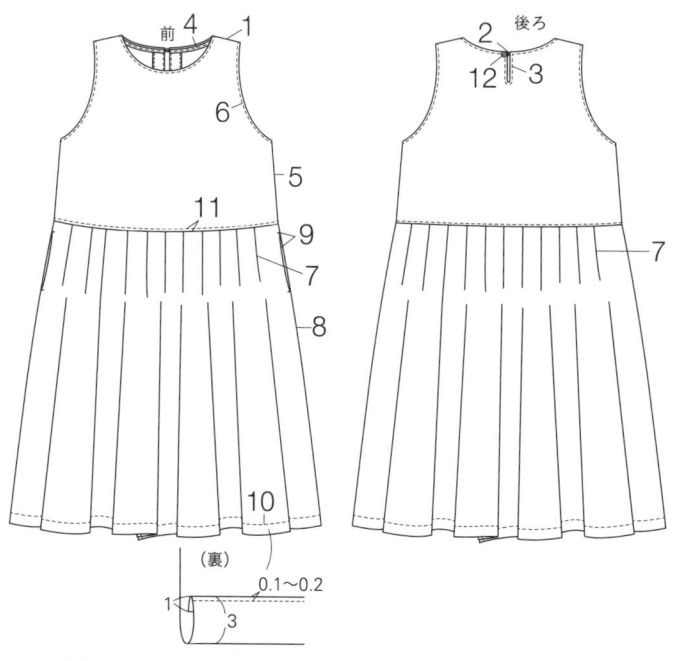

※縫い代は指定以外 1 cm
※▨は裏に接着芯を貼る
※▧は裏に伸び止め接着テープを貼る
※〜〜は縁かがりミシンをかける
※数字は上から S ／ M ／ L サイズ
　（指定以外は全サイズ共通）

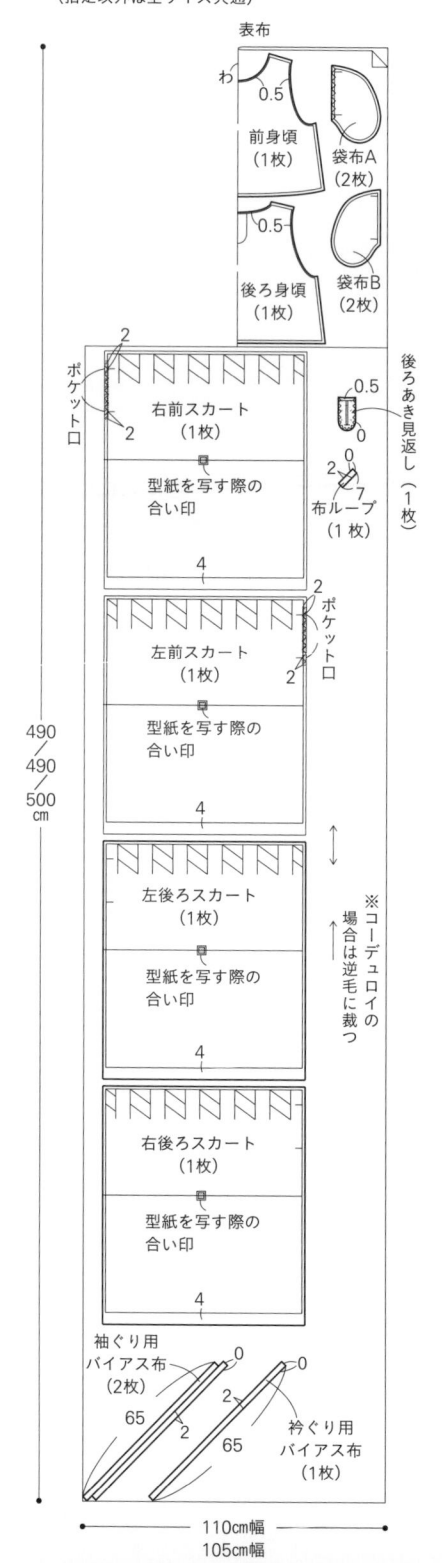

3. 後ろあきを作る

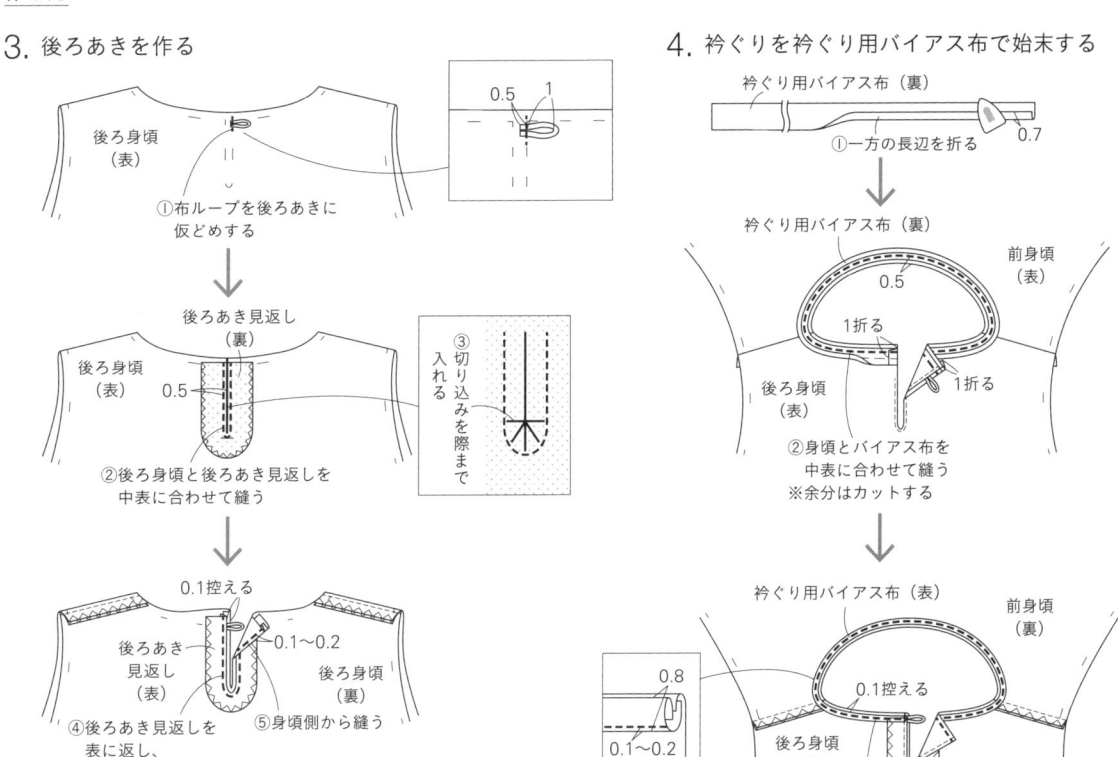

後ろ身頃（表）

0.5　1

①布ループを後ろあきに仮どめする

後ろあき見返し（裏）

後ろ身頃（表）　0.5

②後ろ身頃と後ろあき見返しを中表に合わせて縫う

③切り込みを際まで入れる

0.1控える

後ろあき見返し（表）

0.1～0.2

後ろ身頃（裏）

④後ろあき見返しを表に返し、アイロンで整える

⑤身頃側から縫う

4. 衿ぐりを衿ぐり用バイアス布で始末する

衿ぐり用バイアス布（裏）

①一方の長辺を折る　0.7

衿ぐり用バイアス布（裏）

前身頃（表）

0.5

1折る

1折る

後ろ身頃（表）

②身頃とバイアス布を中表に合わせて縫う
※余分はカットする

衿ぐり用バイアス布（表）

前身頃（裏）

0.1控える

0.8

0.1～0.2

後ろ身頃（裏）

③バイアス布を身頃の裏側に折り返して縫う

5. 身頃の脇を縫う

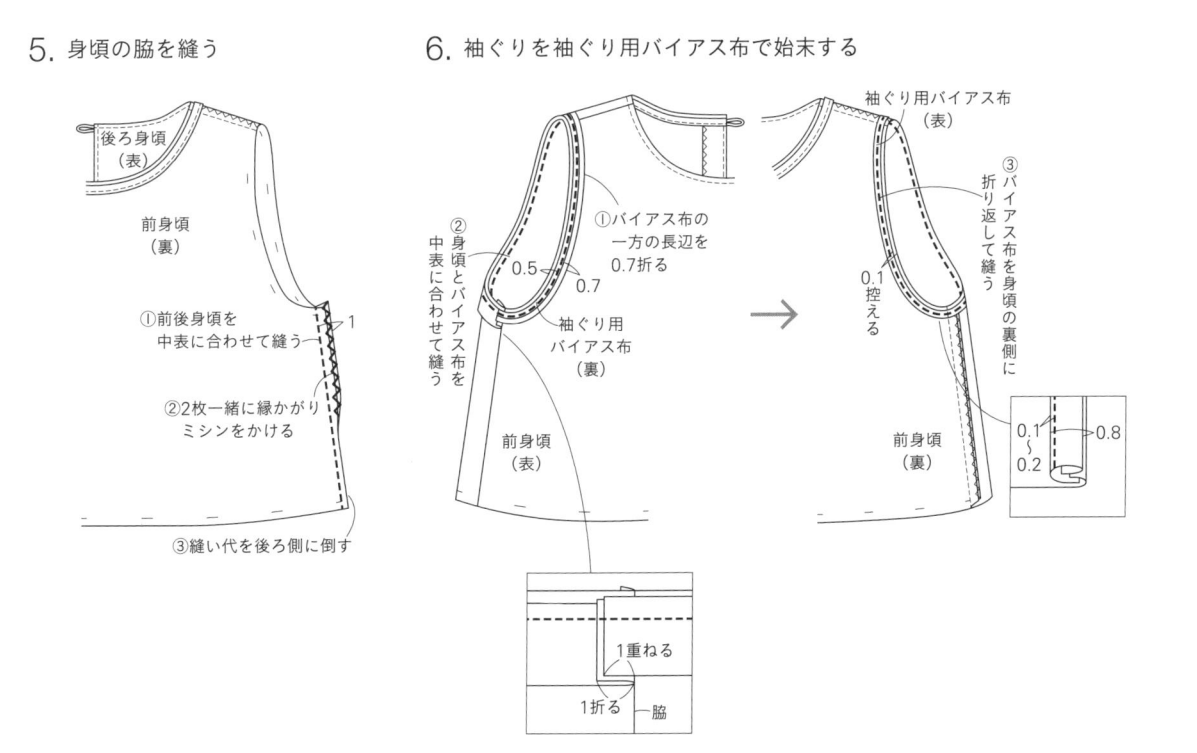

後ろ身頃（表）

前身頃（裏）

①前後身頃を中表に合わせて縫う　1

②2枚一緒に縁かがりミシンをかける

③縫い代を後ろ側に倒す

6. 袖ぐりを袖ぐり用バイアス布で始末する

②身頃とバイアス布を中表に合わせて縫う

①バイアス布の一方の長辺を0.7折る

0.5

0.7

袖ぐり用バイアス布（裏）

前身頃（表）

袖ぐり用バイアス布（表）

③バイアス布を身頃の裏側に折り返して縫う

0.1控える

前身頃（裏）

0.1～0.2　0.8

1重ねる

1折る　脇

7. 前後スカートを縫い、タックを仮どめする

〈前スカート〉

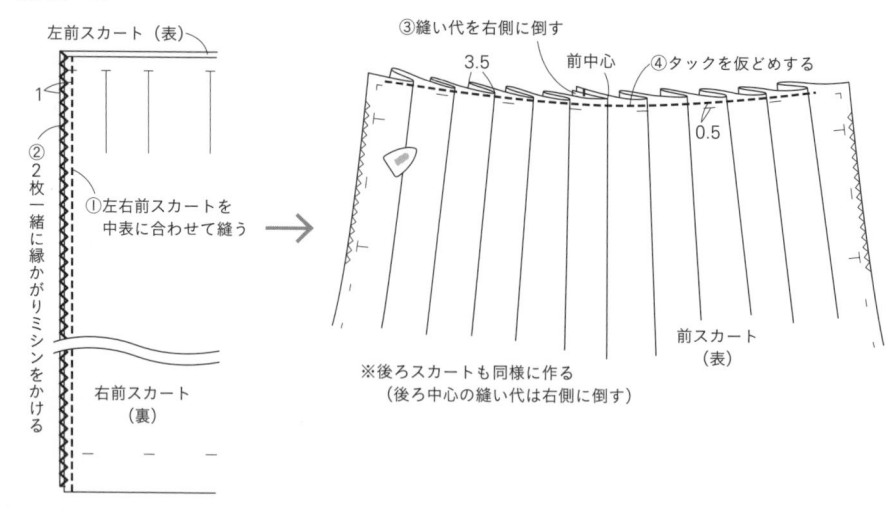

左前スカート（表）

1

②2枚一緒に縁かがりミシンをかける

①左右前スカートを中表に合わせて縫う

右前スカート（裏）

③縫い代を右側に倒す

3.5

前中心

④タックを仮どめする

0.5

前スカート（表）

※後ろスカートも同様に作る
（後ろ中心の縫い代は右側に倒す）

8. スカートの脇を縫う

9. ポケットを作る

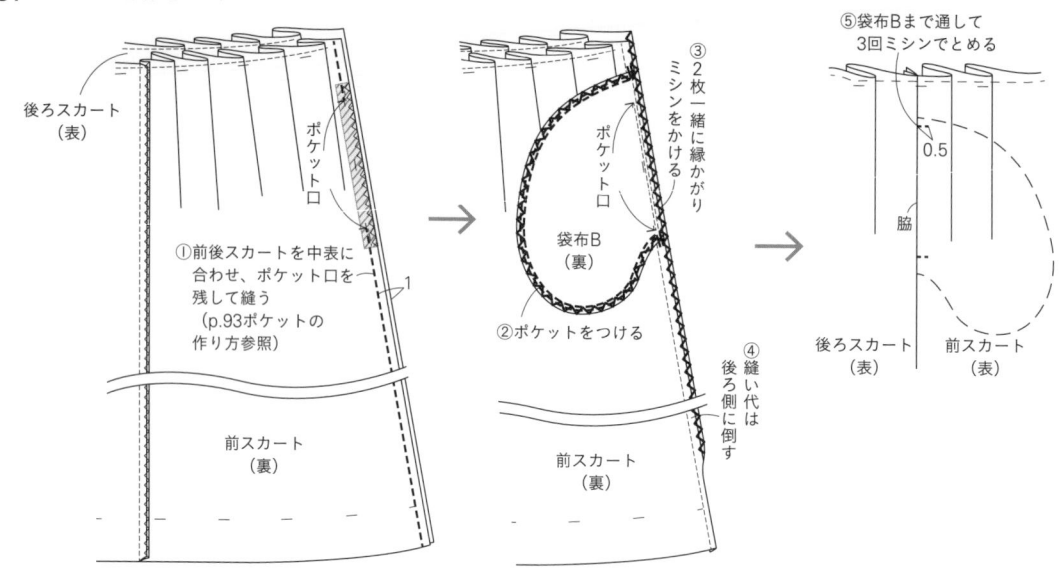

後ろスカート（表）

ポケット口

①前後スカートを中表に合わせ、ポケット口を残して縫う（p.93ポケットの作り方参照）

1

前スカート（裏）

③2枚一緒に縁かがりミシンをかける

ポケット口

袋布B（裏）

②ポケットをつける

④縫い代は後ろ側に倒す

前スカート（裏）

⑤袋布Bまで通して3回ミシンでとめる

0.5

脇

後ろスカート（表）　前スカート（表）

11. 身頃とスカートを縫い合わせる

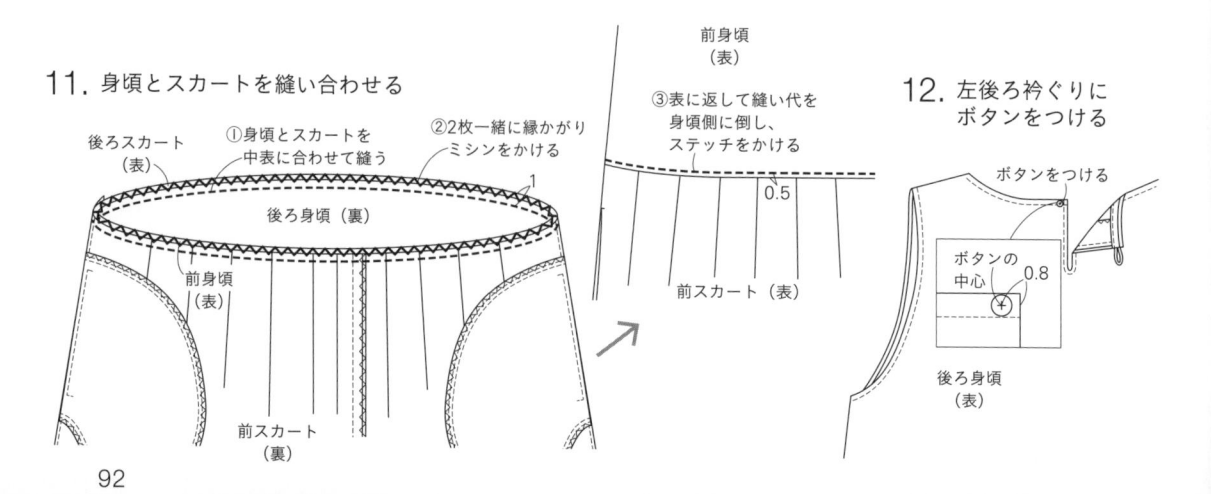

後ろスカート（表）

①身頃とスカートを中表に合わせて縫う

②2枚一緒に縁かがりミシンをかける

後ろ身頃（裏）

前身頃（表）

1

前スカート（裏）

前身頃（表）

③表に返して縫い代を身頃側に倒し、ステッチをかける

0.5

前スカート（表）

12. 左後ろ衿ぐりにボタンをつける

ボタンをつける

ボタンの中心　0.8

後ろ身頃（表）

ポケットの作り方

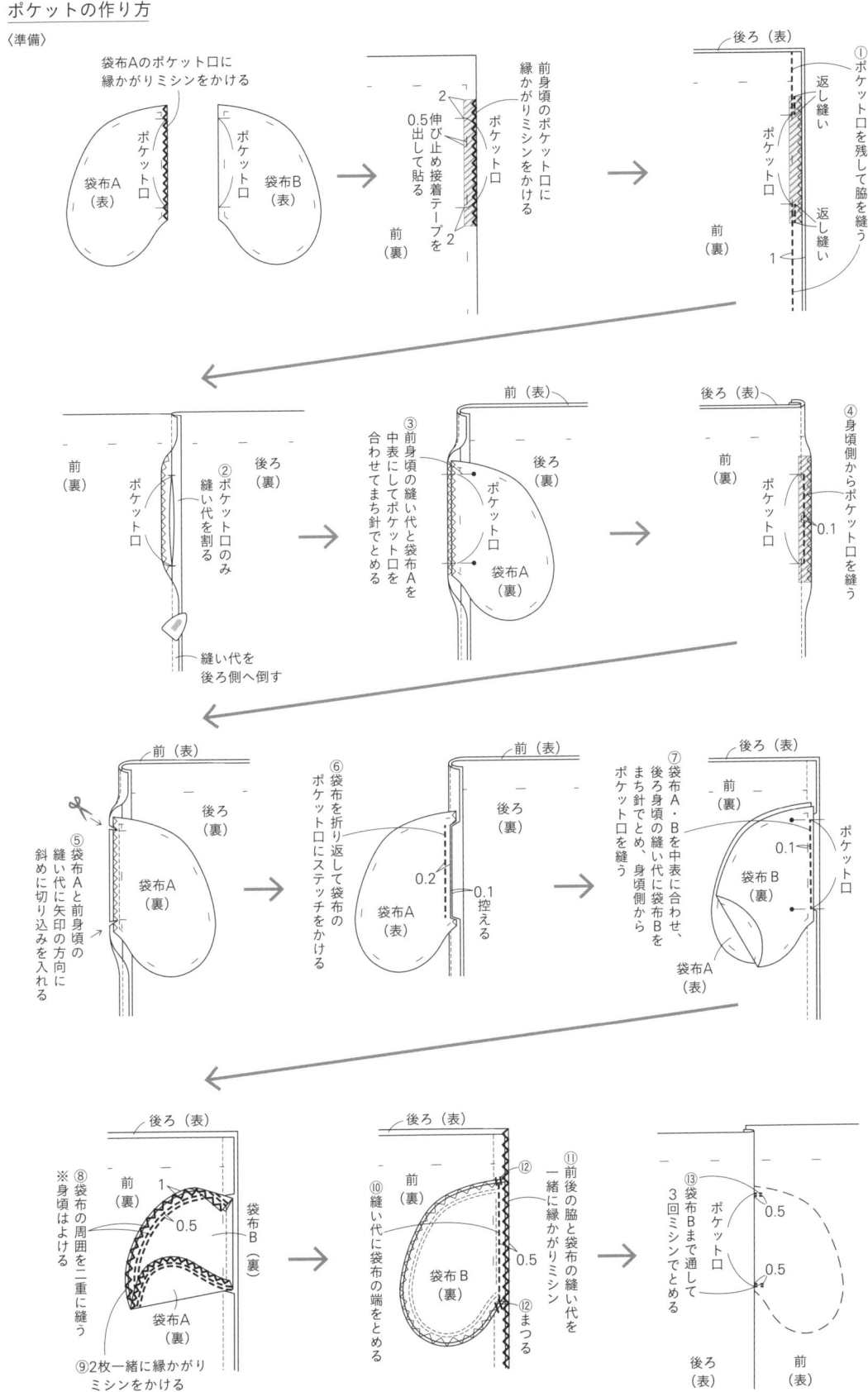

袋布Aのポケット口に
縁かがりミシンをかける

ポケット口

袋布A
（表）

ポケット口

袋布B
（表）

前身頃のポケット口に
縁かがりミシンをかける

2

0.5伸び止め接着テープを
出して貼る

2

ポケット口

前
（裏）

後ろ（表）

①ポケット口を残して脇を縫う

返し縫い

ポケット口

返し縫い

前
（裏）

1

前
（裏）

ポケット口

②ポケット口のみ
縫い代を割る

縫い代を
後ろ側へ倒す

後ろ
（裏）

前（表）

③前身頃の縫い代と袋布Aを
中表にしてポケット口を
合わせてまち針でとめる

後ろ
（裏）

ポケット口

袋布A
（裏）

前
（裏）

後ろ（表）

④身頃側からポケット口を縫う

ポケット口

0.1

前（表）

⑤袋布Aと前身頃の
縫い代に矢印の方向に
斜めに切り込みを入れる

後ろ
（裏）

袋布A
（裏）

ポケット口

前（表）

⑥袋布を折り返して袋布の
ポケット口にステッチをかける

後ろ
（裏）

0.2

袋布A
（表）

0.1控える

後ろ（表）

⑦袋布A・Bを中表に合わせ、
後ろ身頃の縫い代に袋布Bを
まち針でとめ、身頃側から
ポケット口を縫う

前
（裏）

0.1

袋布B
（裏）

ポケット口

袋布A
（表）

後ろ（表）

⑧袋布の周囲を二重に縫う

※身頃はよける

前
（裏）

1

0.5

袋布B
（裏）

袋布A
（裏）

⑨2枚一緒に縁かがり
ミシンをかける

後ろ（表）

⑩縫い代に袋布の
端をとめる

⑪前後の脇と袋布の縫い代を
一緒に縁かがりミシン

前
（裏）

⑫

袋布B
（裏）

0.5

⑫まつる

前
（裏）

⑬袋布Bまで通して
3回ミシンでとめる

ポケット口

0.5

0.5

後ろ
（表）

前
（表）

93

○ アトリエコート

→ p.42, 44

【実物大型紙】 D面

【でき上がり寸法】 ※左からS／M／Lサイズ
バスト…147.5／151.5／156.5cm
着丈…117.5／120／122.5cm
袖丈…40／40.5／41cm
肩幅…70／72／74cm

【材料】 ※左からS／M／Lサイズ
表布…O-1 C&S sunny days english stripe
　　　　　（ネイビー）110cm幅×390／400／410cm
　　　O-2 C&S リネン プリマベーラ（グレージュ）
　　　　　110cm幅×390／400／410cm
共通
接着芯…60×140cm
伸び止め接着テープ…1.5cm幅×50cm

【作り方順序】

1　後ろ中心のタックを縫う
2　身頃・見返しの肩をそれぞれ縫う…身頃はp.58-1参照
3　袖をつける…p.81-2参照
4　袖下から脇を縫う
5　ポケットを作る
6　袖口を始末する…でき上がり図参照
7　見返しと身頃を中表に合わせ、裾、前端、衿ぐりを縫う
8　見返し奥を縫う
9　裾を三つ折りにして縫う

〔裁ち合わせ図〕
※縫い代は指定以外1cm
※▨は裏に接着芯を貼る
※▨は裏に伸び止め接着テープを貼る
※〜〜は縁かがりミシンをかける
※数字は上からS／M／Lサイズ

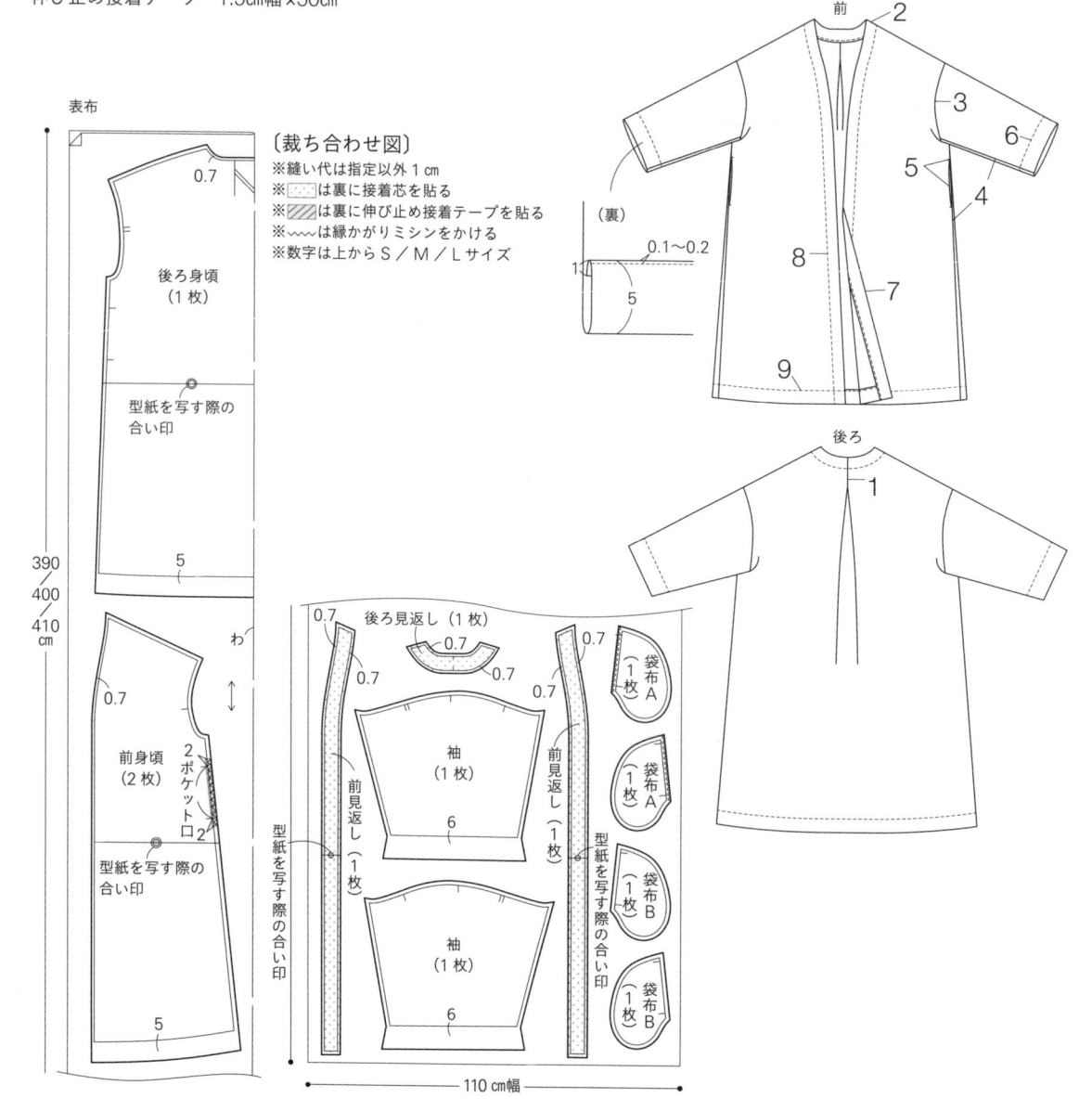

94

作り方

1. 後ろ中心のタックを縫う

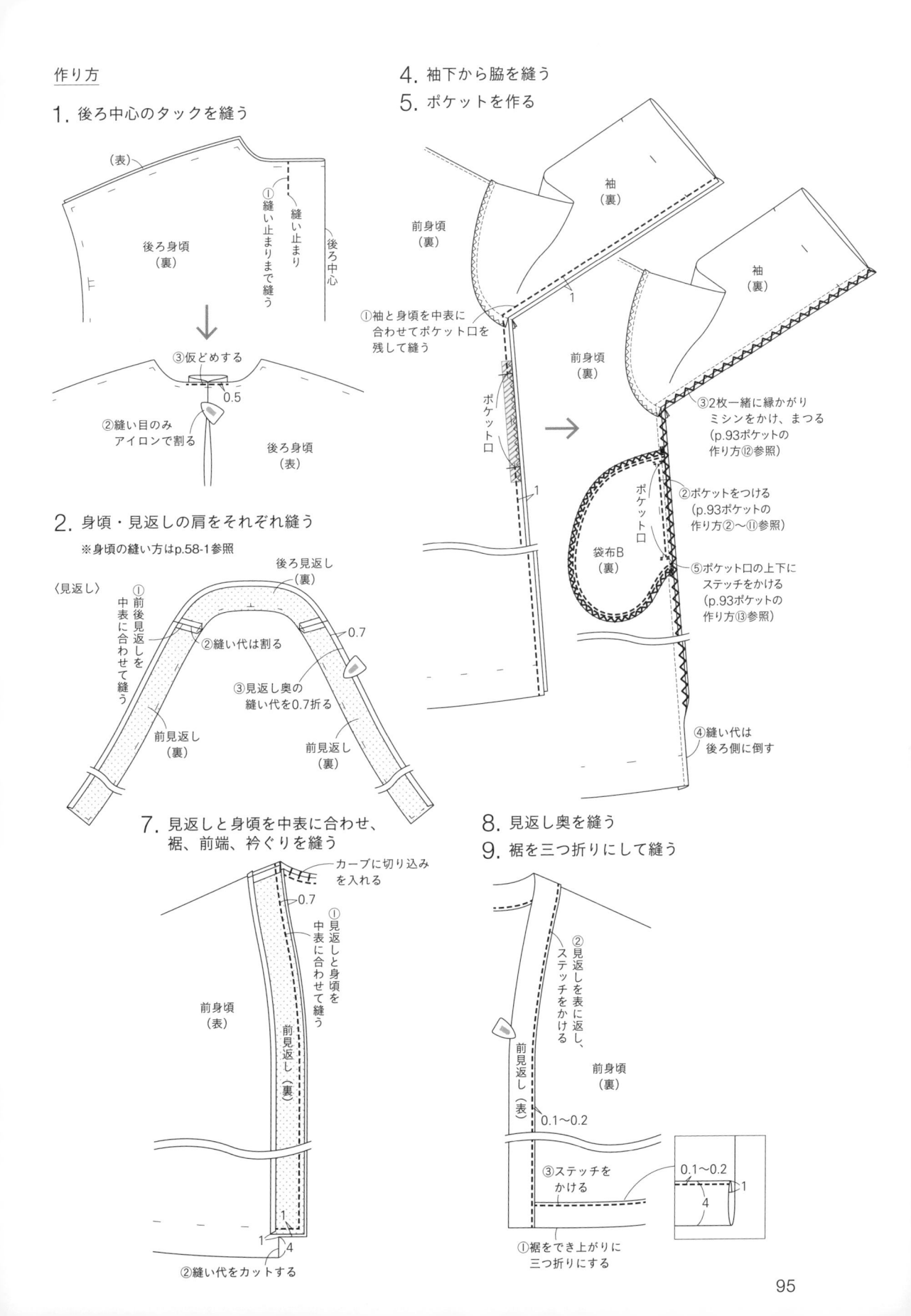

（表）

後ろ身頃（裏）

①縫い止まりまで縫う

縫い止まり

縫い止まり

後ろ中心

③仮どめする

0.5

②縫い目のみアイロンで割る

後ろ身頃（表）

2. 身頃・見返しの肩をそれぞれ縫う

※身頃の縫い方はp.58-1参照

〈見返し〉

後ろ見返し（裏）

①前後見返しを中表に合わせて縫う

②縫い代は割る

0.7

③見返し奥の縫い代を0.7折る

前見返し（裏）

前見返し（裏）

4. 袖下から脇を縫う

5. ポケットを作る

袖（裏）

前身頃（裏）

袖（裏）

1

①袖と身頃を中表に合わせてポケット口を残して縫う

前身頃（裏）

ポケット口

1

③2枚一緒に縁かがりミシンをかけ、まつる（p.93ポケットの作り方⑫参照）

ポケット口

②ポケットをつける（p.93ポケットの作り方②〜⑪参照）

袋布B（裏）

⑤ポケット口の上下にステッチをかける（p.93ポケットの作り方⑬参照）

④縫い代は後ろ側に倒す

7. 見返しと身頃を中表に合わせ、裾、前端、衿ぐりを縫う

カーブに切り込みを入れる

0.7

①見返しと身頃を中表に合わせて縫う

前身頃（表）

前見返し（裏）

1

1 4

②縫い代をカットする

8. 見返し奥を縫う

9. 裾を三つ折りにして縫う

②見返しを表に返し、ステッチをかける

前見返し（表）

前身頃（裏）

0.1〜0.2

③ステッチをかける

0.1〜0.2

1

4

①裾をでき上がりに三つ折りにする

95

企画・プロデュース・文(p.4)	在田佳代子（CHECK&STRIPE）
監修	辻岡雅樹（CHECK&STRIPE）
撮影	濱田英明
ブックデザイン	葉田いづみ
モデル	松本妃代
スタイリング	黒澤 充
ヘア＆メイク	草場妙子
パターン・作品製作	中村有里　CHECK&STRIPE
製図	河上布由子
グレーディング	クレイワークス
トレース・型紙配置	八文字則子
目次撮影	有馬貴子（主婦と生活社）
校閲	滄流社
編集	梶 謡子
CHECK&STRIPE (her closetチーム)	在田佳代子　辻岡雅樹
	柴田奈津子　柴田宏美
撮影協力	オイチイチ　Instagram：@oicheech
	DAILY by LONG TRACK FOODS　https://longtrackfoods.com
	もやい工藝　https://moyaikogei.jp/
	ink gallery　https://www.yaeca.com/gallery/

CHECK&STRIPE
her closet あのひとの装い

著者　CHECK&STRIPE
編集人　石田由美
発行人　殿塚郁夫
発行所　株式会社主婦と生活社
　　　　〒104-8357 東京都中央区京橋3-5-7
　　　　https://www.shufu.co.jp
編集部　TEL.03-3563-5361　FAX.03-3563-0528
販売部　TEL.03-3563-5121
生産部　TEL.03-3563-5125

製版所　東京カラーフォト・プロセス株式会社
印刷所　大日本印刷株式会社
製本所　共同製本株式会社

special thanks to…

GARAGE Brocante/Antiques　Instagram：@maitanakagarage
LULU　　　　　　　　Instagram：@lulu_works_everyday
NATUR terrace　　　Instagram：@natur_karuizawa
sahanji+　　　　　　Instagram：@sahanjiplus
ギャラリーフェブ　https://hikita-feve.com
葉田いづみ　　　　　Instagram：@izumi_nsmt
福田春美　　　　　　Instagram：@haruhamiru
福田里香　　　　　　Instagram：@riccafukuda
松本妃代　　　　　　Instagram：@kiyomatsumoto
（敬称略）

※本書掲載作品の複製頒布、および販売はご遠慮ください。